New Horizon

디지털 트랜스포메이션; 뉴 호라이즌

초판 1쇄 인쇄 2020년 9월 15일
초판 1쇄 발행 2020년 9월 21일

지은이 이상인

펴낸이 김남전
편집장 유다형 | **기획·책임편집** 박혜연 | **본문디자인** 정란 | **외주스태프** 김수미
표지디자인·일러스트 이상인
마케팅 정상원 한웅 정용민 김건우 | **경영관리** 임종열 김하은

펴낸곳 ㈜가나문화콘텐츠 | **출판 등록** 2002년 2월 15일 제10-2308호
주소 경기도 고양시 덕양구 호원길 3-2
전화 02-717-5494(편집부) 02-332-7755(관리부) | **팩스** 02-324-9944
홈페이지 ganapub.com | **포스트** post.naver.com/ganapub1
페이스북 facebook.com/ganapub1 | **인스타그램** instagram.com/ganapub1

ISBN 978-89-5736-127-6 (03320)

※ 본문 사진 출처: www.shutterstock.com, wikipedia
※ 책값은 뒤표지에 표시되어 있습니다.

※ '가나출판사'는 ㈜가나문화콘텐츠의 출판 브랜드입니다.

※ 이 도서의 국립중앙도서관 출판시도서목록(CIP)은 서지정보유통지원시스템 홈페이지(http://seoji.nl.go.kr)와 국가자료공동목록시스템(http://www.nl.go.kr/kolisnet)에서 이용하실 수 있습니다. (CIP제어번호: CIP2020026914)

디지털
트랜스포메이션;

뉴 호라이즌

이상인 지음

ㄱㄱㄴㄱ

Contents

Chapter 2

디지털 트랜스포메이션, 일상을 바꾸다

Chapter 3

디지털 트랜스포메이션, 비즈니스를 바꾸다

New Horizon

Chapter 4

디지털 트랜스포메이션 시대의 디자인과 일

머리말.

새로운 시대의 접근법; 뉴 호라이즌

가장 존경하는 디자이너가 누구냐는 질문을 받으면 저는 언제나 '세종대왕'이라고 답합니다. 태평성대를 이끈 성군이기도 하지만, 훈민정음 창제라는 업적이 제게는 다른 어떤 인물보다 매력적으로 다가오기 때문입니다.

세종대왕이 민초들의 삶이 나아지길 바라는 마음에서 디자인한 훈민정음은 인류 최고의 사용자 중심 정보 저장 플랫폼이라 생각합니다. 한글이 창제된 조선 시대는 중국의 정치적, 문화적 영향력이 지배했다 해도 과언이 아닙니다. 중국을 대국으로 섬기는 집권층인 사대부가 누리는 지적 공감대가 '한문'이라는 플랫폼을 통해 유지되었기 때문에 당시의 집권층은 한글의 창제와 반포를 반기지 않았습니다. 아니, 오히려 자기들의 이권을 빼앗길까 두려워 극렬히 반대했죠. 어려운 환경과 반대를 무릅쓰고 1446년 반포되었던 한글이 오늘날까지 널리 사용되는 이유는 단지 세종대왕이 성군이기 때문만은 아닐 것입니다. 사용자들이 배우고, 익히고 활용하기에 편리하게 만들어진 문자 플랫폼이기에 몇백 년이 지난 지금까지 이어지고 있는 것은 아닐까요?

한글이라는 플랫폼 덕분에 우리는 지역과 시대를 뛰어넘어 안정적으로 정보를 전달할 수 있게 되었습니다. 말은 지역적 성격이 강하고, 특히 구전 형태로만 전해지기에 가변성이 커서 정보의 저장과 전달에 문제가 생길 수 있습니다. 한글은 정보가 유실되거나 변질되지 않게 하여 안정성을 확보해 주었습니다. 그래서 백성들은 많은 정보를 쉽게 전달하고 처리할 수 있게 되었죠. 표음문자(表音文字)인 한글은 조합을 통해 거의 모든 언어와 정보를 담아낼 수 있는 뛰어난 확장성도 지니고 있습니다. 확장성은 현 시점에서 논의되는 디지털 플랫폼의 가장 중요한 가치라는 점에서, 지금의 디지털 시대를 살아가는 우리에게도 많은 생각할 거리를 줍니다.

기술의 발달로 우리는 이전과 비교할 수 없이 많은 일

을 더 빠른 속도로 처리할 수 있게 되었습니다. 클라우드 기술의 발달로 시간과 공간의 제약은 사라지고 있고 인공지능과 퀀텀 컴퓨팅의 발달로 효율성은 옛날보다 수천, 수만 배 높아졌습니다. 어쩌면 우리는 이미 예전에 공상과학 영화에서 그렸던 미래 세계에 살고 있는지도 모릅니다.

3차 산업혁명이라는 말을 들었던 게 엊그제 같은데, 이제는 4차 산업혁명 시대라 합니다. 곧 5차 산업혁명 시대가 왔다는 말도 나올 것입니다. 산업혁명의 주기가 너무 짧게 느껴지는 것이 업계의 성급한 조어(造語) 때문일 수 있지만, 실제 이루어지고 있는 변화의 폭과 속도가 이전에 비할 수 없이 크기 때문이기도 합니다. 그래서 저는 디지털 트랜스포메이션을 '실체 없는 구호'라 말하는 의견에 반대합니다. 디지털 트랜스포메이션이 촉진시키는 다양한 분야의 변화는 더 이상 선택의 문제가 아닙니다. 사람이 살아가는 데 필수적인 의식주를 포함해 우리가 오감을 통해 교류하는 거의 모든 것이 이제는 디지털의 영향권에 속해 있으니까요.

시대를 개벽하는 혁명적 변화조차 처음 접했을 때는 막연한 이야기처럼 들릴 수 있고, 어떤 이들에게는 영원히 남 일로 여겨질 수 있습니다. 하지만 큰 맥락에서 보았을 때, 인류의 역사는 변화를 적극적으로 수용하는 사회와 문명에 더 호의적이었습니다. 바로 지금이 인류에게 다가온 새로운 대전환의 시대가 아닐까 합니다. 모든 사람과 만물이 연결되어 서로 데이터를 주고받고, 이를 활용해 새로운 가치를 무한히 만들어내는 초연결 시대를 과거의 사람들은 상상이나 했을까요?

이 책은 제가 현장에서 디지털 컨설턴트로서 또, 크리에이티브 디렉터로서 여러 프로젝트를 진행하며 쌓은 경험을 바탕으로 적은 근미래에 대한 이야기입니다. 새로운 시대에 맞는 시각과 접근법을 조금이나마 구체화하고자 클라우드와 인공지능부터 자율주행과 증강현실 등 다양한 테크 업계에 대한 이야기와 관련 사례들, 그리고 이를 위한 디자인 프로세스와 방향 등도 담았습니다.

이 책에서 다루는 내용들이 우리에게 성큼 다가온 디지털 시대의 새로운 지평선(New Horizon)을 이해하시는 데 도움이 되었으면 합니다.

Chapter 1

디지털 트랜스포메이션이란 무엇인가?

디지털
트랜스포메이션이란
무엇인가?

18세기 영국의 제임스 와트(James Watt)가 증기 기관 개량에 성공하며 대량 생산이 가능해지면서 산업혁명이 시작되었습니다. 인간의 노동력만으로 감당할 수 없는 일을 기계의 힘을 빌려 해결하기 시작한 것이죠. 산업혁명으로 인한 생산력 향상으로 경제 구조뿐 아니라 정치, 사회의 근간마저 크게 변화했습니다. 왕족과 귀족의 지배 체제가 신흥 부르주아 계급의 등장과 함께 몰락하고, 도시로 사람들이 몰리며 농부들은 공장 노동자가 되기 시작했습니다.

제조업 기반의 1, 2차 산업혁명을 지나, 컴퓨터와 인터넷 기반의 3차 산업혁명을 거쳐, 이제는 클라우드와 인공지능 등의 최신 기술이 선도하는 4차 산업혁명 시대에 들어서 있습니다. 이 4차 산업혁명 시대의 중심에는 디지털 트랜스포메이션(DT: Digital Transformation)이 있습니다.

프로세스 전반의 효율화를 위해 디지털의 힘을 빌리는 것

디지털 트랜스포메이션은 '디지털의 힘을 이용해 더 나은 프로세스를 만듦으로써 문제를 해결하는 것'을 말합니다. 기업, 정부를 비롯한 다양한 조직과 기관을 대상으로 한 B2B(Business to Business) 영역부터 일반인을 대상으로 한 B2C(Business to Customer) 영역까지 아날로그 프로세스의 디지털화, 낙후된 디지털 솔루션의 개선 등이 목적입니다. 인간의 노동력을 기반으로 해결하던 업무를 전산화·자동화함으로써 효율을 높이고, 이미 전산화되어 있더라도 처리 능력과 사용자 경험을 향상시킴으로써 효율을 극대화하는 것이 바로 디지털 트랜스포메이션이죠.

'맥킨지 글로벌 인스티튜트(McKinsey Global Institute)'의 2019년 발표에 따르면 현재 모든 업계에서 진행된 디지털화 평균은 24.1%에 그치고 있습니다. 소유한 부동산이 거의 없이도 세계에서 가장 큰 호텔 체인이 된 에어비앤비(AirBnB)나 비행기, 숙박 중계 플랫폼 익스피디아(Expedia)가 속한 여행 산업의 디지털화는 51%에 달하지만, 의료 · 제약 산업의 디지털화 수치는 13.4%밖에 되지 않습니다. 맥킨지는 '속도의 차이는 있지만, 대부분의 산업이 디지털화될 것'이라고 예측합니다. 이 커다란 변화의 이유는 무엇일까요?

디지털에 적응하지 못하면 생존을 위협받는 시대

다양한 이유가 있겠지만, 디지털 기술이 주는 '편의성'과 '정보의 평등성'이 사용자들의 지지를 받는 것이 아닌가 합니다.

사람들은 컴퓨터와 인터넷 기반 사업의 발달로 인해 아날로그 기반, 오프라인 매장 위주의 산업에서 경험할 수 없었던 편리함을 경험했습니다. 또 특정한 계층만 향유하던 정보에도 비교적 쉽게 접근할 수 있게 되었죠. 이렇게 많은 이들이 디지털의 매력에 빠져드는 사이, 아날로그 산업은 빠른 속도로 자리를 잃고 있습니다. 종류에 상관없이 디지털 환경에 적응하지 못한 비즈니스는 생존을 위협받고 있죠.

'비즈니스 인사이더(Business Insider)'지는 온라인 상거래의 발달로 2019년 한해에만 9,300여 개의 리테일 상점이 미국에서 문을 닫았다고 보도했습니다. 전 세계 최고의 명품 백화점으로 불리던 바니스 뉴욕(Barney's New York)의 파산은 많은 이들에게 충격을 안겨주기도 했죠.

클린트 이스트우드(Clint Eastwood)의 영화 〈더 뮬(The Mule)〉✦은 이러한 영향에 직격탄을 맞은 소규모 자영업자들의 고통을 잘 보여줍니다. 영화의 주인공인 얼(Earl)은 한때 잘 나가던 자영업자였지만, 온라인 상거래 프레임으로 전환하지 못해 결국 사업을 접습니다. 그는 가족을 부양하기 위해 마약 운반책이 되는 지경에 이르죠. 뉴욕 타임즈(The New York Times)에 보도되었던 기사를 바탕으로 한 영화인 만큼, 시대의 빠른 변화에 적응하지 못해 고통받는 사람들의 모습을 현실적으로 묘사하고 있습니다.

✦ **한국에서는 2019년, 〈라스트 미션〉이라는 제목으로 개봉했습니다.**

적응하거나, 도태되거나

디지털화는 때로는 잔인할 정도로 기존 산업과 그 산업의 종사자를 곤경에 빠트리기도 합니다. 하지만 디지털을 활용해 발전적 변화를 추구하는, 디지털 트랜스포메이션을 잘 적용한 기업과 사람들에게는 새로운 기회를 제공합니다. 맥킨지 디지털(Mckinsey Digital)의 조사에 따르면 '최고 수준의 경영 실적을 보여주는 기업일수록 디지털을 수용하는 데 더 관대하다.'고 합니다.

미국 기업가들을 대상으로 'M&A 진행 시 상대 기업의 어떤 요소를 중요하게 보느냐?'고 질문했을 때, 실적이 좋은 기업 63%는 디지털 역량을 첫손에 꼽았고, 일반적인 기업은 44%가 디지털 역량을 중요하게 본다고 답했습니다. 또 지난 3년간 디지털 인력을 25% 이상 배치한 기업은 10% 미만으로 배치한 기업에 비해 3.3배의 실적을 내고 있다는 조사도 있습니다.

월마트(Walmart)의 부활은 디지털 트랜스포메이션의 좋은 예입니다. 아마존(Amazon)의 진격이 한창이던 2016년 월마트의 주가는 50달러까지 떨어졌지만 2020년 중반 현재는 130달러 선으로 다시 상승했습니다. 이는 월마트가 진행한 디지털 트랜

미국을 대표하는 유통기업이었지만,
아마존 등 디지털 기업들의 공세로 위기에 처했던 월마트는
디지털 전환을 통해 화려하게 부활했습니다.

스포메이션의 결과입니다. 월마트는 B2C와 B2B 두 영역 모두에서 디지털 트랜스포메이션을 진행했습니다. 리테일 기업의 장점을 살려, 고객들이 더 빠르고 편하게 물건을 구매할 수 있도록 온라인 상점의 구축과 개선에 큰 공을 들였습니다. 고기, 야채 등의 신선 식품의 온라인 주문과 픽업 시스템을 적극 도입함으로써 아마존과의 신선 식품 경쟁에서 승기를 잡는 데 성공했죠. 또 B2B 측면에서 IT부서의 테크 스트럭처를 단일화, 간소화하는 막대한 양의 디지털 인프라 개선을 감행했고, 이를 그들의 사업 전 영역에 적용했죠. 이러한 광범위한 노력 덕분에 새로운 온라인 상거래 플랫폼의 등장으로 위기에 몰렸던 월마트라는 거인은 새로운 출발점을 맞을 수 있었습니다.

중소 규모 사업자도 디지털 트랜스포메이션을 통해 새로운 기회를 잡을 수 있습니다. 오프라인 사업자가 줄고, 영향력 있는 온라인 기반 사업자가 늘어나는 이유는 가게 임대료를 줄여 그 돈으로 상품과 서비스의 품질을 높이거나 고객 만족도를 높이는데 사용하는 것이 경쟁력 있기 때문일 것입니다. 전통적으로는 건물주에게 가야 할 재화가 온라인 상거래 업자와 그 서비스를 이용하는 고객이 나눠 가지는 것이죠.

오히려 시장이 불평등해지는 것 같다고요? 온라인 상거래 시스템을 구축하거나 이용하기 위해 엔지니어가 필요하던 시대는 이미 끝났습니다. 데이터만 연결하면 바로 상거래를 시작할 수 있는 웹 사이트 템플릿부터 호스팅까지, 모든 것이 준비된 '레디 메이드(Ready-Made)' 시대입니다. 기존 SNS 플랫폼을 온라인 스토어로 활용할 수도 있죠. 이제는 조직을 갖춘 사업자가 아니라도 누구나 어렵지 않게 온라인 상거래 시스템을 구축할 수 있습니다.

우리는 앞으로 더 많은 디지털 트랜스포메이션이 적용된 환경에서 살게 될 것입니다. 그로 인해 전통적인 강자가 디지털의 힘을 잘 활용하는 신흥 강자로 대체되기도 하고, 빠르게 체질 개선을 한 조직과 개인이 많은 혜택을 누리는 것을 보게 될 것입니다. 디지털 트랜스포메이션은 선택의 문제가 아닌 생존의 문제가 되었습니다. 규모에 상관없이 디지털을 잘 이해하고 활용하는 이들에게 새로운 기회가 열릴 것입니다.

그런 의미에서 변화하는 시대에 성공하기 위한 전제 조건은 디지털 트랜스포메이션에 대한 깨어 있는 시각을 지니는 것일지 모릅니다.

세 번째
디지털 전환의 순간

1995년부터 2000년에 걸친 닷컴 버블(dot-com bubble) 시대는 여러 면에서 상징적인 의미가 있습니다. 인터넷 기업이 우후죽순처럼 생겨나며 이 기간 미국의 나스닥(Nasdaq)지수는 무려 400%가량 상승했지만, 거품이 꺼지자 주가는 78%나 폭락했습니다. 이 당시 기업의 탄생과 몰락은 경제에 부정적인 영향을 끼쳤지만, 조정 과정을 거쳐 지금의 구글(Google), 아마존 같은 미국을 대표하는 기업들이 탄생하는 계기를 마련하며 이때를 기점으로 인터넷은 우리 삶의 일부가 되었습니다.

2008년 금융 위기는 데이터의 저장과 처리를 온라인을 통해서 하는 클라우드 시장의 발전에 큰 전환점이 됩니다. 금융 위기를 거치며 기업들이 자체 데이터 센터를 만들고 유지하는 데 부담을 가지게 되었습니다. 이는 클라우드 인프라스트럭쳐에 대한 투자와 서비스로서의 소프트웨어 컨셉 제품에 대한 관심으로 이어집니다. 이 관심이 현재 클라우드 시장의 괄목할 만한 성장을 이루어 낸 시발점이 되었죠. 2020년, 우리는 또 다른 변화에 직면했습니다. 코로나19 바이러스의 전 세계적 유행으로 시작된 금융, 실물 경제 그리고 사회의 총체적 위기는 우리가 앞으로 어떤 방향으로 발전해 나가야 하는지 묻고 있습니다.

'글로벌 디지털 트랜스포메이션 마켓 2020(Global Digital Transformation Market 2020) 리포트'에 따르면, 디지털 트랜스포메이션 시장은 2020년에서 2023년까지 연평균 성장률 18%를 기록할 것으로 전망했습니다. 클라우드 베이스 디지털 트랜스포메이션 서비스 기업인 '서비스 나우(Service Now)'의 CEO 빌 맥더못(Bill McDermott)은 앞으로 4년간 디지털 트랜스포메이션에 의해 약 7.4조 달러의 새로운 시장이 형성될 것이라고 전망합니다.

디지털 트랜스포메이션이 무엇이기에 전 세계적인 규모의 경제적, 산업적 변화를 유발하는 걸까요? 그리고 지금 이러한 변화의 방향은 우리에게 얼마나 중요할까요?

디지털 트랜스포메이션은 '결과'가 아닌 '과정'

앞서, 디지털 트랜스포메이션은 '디지털의 힘을 통해 문제를 해결하는 행위'라고 말씀드렸습니다. 디지털 트랜스포메이션은 결과가 아니라 디지털 기술을 활용해 어떠한 작업의 프로세스나 사용자 경험, 심지어는 비즈니스의 방향과 속성을 바꾸는 과정을 통칭합니다. 아날로그 프로세스를 디지털화해 능률과 효율을 상승시키거나, 최신 기술을 활용해 기존의 디지털 시스템을 발전시키는 행위가 바로 디지털 트랜스포메이션입니다.

아날로그는 힘(Energy)을 담아 물리적(Physical) 상태를 변화시키고 활용하는 방식입니다. 우리는 여전히 많은 부분에서 물리적 힘을 통해 무언가를 작동시키는 아날로그 방식을 취하고 있습니다. 그러나 인류가 힘 대신 정보(Information)를 실어 활용하기 시작하면서 새로운 세계가 열렸습니다.

A에서 B로 힘이 전달된다면 그것은 물리적 한계를 가지지만, A에서 B로 정보가 전달된다면 속도와 정교함 그리고 규모에 따라 활용도는 상상을 초월합니다. 아날로그 시대에는 누가 더 많은 에너지를 발전시키고, 누가 더 많은 철도나 고속도로를

건설하는지가 중요했지만 디지털 시대에는 누가 더 많은 정보를 만들고 저장하고 전송할 수 있는지가 더 중요합니다. 세계적인 기술 기업들이 정보를 더 빠르게 처리할 수 있는 칩을 만들고, 더 빠르고 안전하게 저장하고 분산할 수 있는 클라우드 시스템을 구축하여 인공지능이 정보를 처리하는 세상을 건설하기 위해 사활을 거는 이유도 바로 이 때문입니다.

디지털 전환은 예측할 수 없는 미래를 대비하는 유일한 방법

디지털 트랜스포메이션의 궁극적인 목적은 낙후된 프로세스에서 비롯된 비효율성과의 디커플링(분리)을 통해, 특이점에 도달하고자 하는 것일지 모릅니다. 상황에 따른 맞춤형 디지털 솔루션을 통해 정보의 생성, 전달, 저장을 가능케 하는 시스템을 구축하는 것이죠.

코로나19 바이러스 전파를 막기 위해 권장되는 사회적 거리두기를 기점으로 사람들 간의, 비즈니스 간의, 개인과 정부 간의 새로운 거리 개념이 제시되고 있습니다. 곧 이런 물리적 한계를 디지털로 극복하는 새로운 물리적 거리두기(Physical Distancing)의 시대가 올 것입니다. 이는 더 이상 선택의 문제가 아닙니다.

전 세계적 바이러스 사태가 발생하기 전까지 미국 내 47% 기업이 재택근무에 대한 가이드라인조차 가지고 있지 않았습니다. 때문에 원격 혹은 재택근무에 노하우가 있는 소수의 IT기업을 제외하면, 대부분의 회사는 코로나19와 같은 사태에 맞닥뜨렸을 때 비즈니스의 규모를 떠나 막심한 피해를 입을 수밖에 없는 구조입니다. 특히 아날로그적 사고방식과 일 처리 프로세스를 고수하는 문화라면, 더욱더 어렵습니다. 일본의 경우 결재 도장을 직접 찍고 상부에 보고하지 않으면 일이 다음 단계로 넘어갈 수 없는 보수적인 직장 문화로 인해 위험을 감수하고 출근을 강행하는 경우가 많다고 합니다.✦ 이런 비효율적인 관습이 사람의 목숨보다 중요한가요?

✦ **참고 자료: '비능률의 상징 일 도장문화, 코로나 팬데믹 시대 맞아 퇴출되나', 2020.07.06, 서울신문, 김태균**

2020년은 디지털 트랜스포메이션을 앞당긴 해입니다.
소수의 IT기업들에게만 익숙했던 재택근무,
화상회의, 원격수업 같은 용어를 일상 언어로 만들었죠.
한편 아날로그적 사고방식을 고수하는 조직은 비즈니스적으로 위험에 처했습니다.

우리가 사는 세상은 하나의 생명체와 같습니다. 생명이 탄생해 성장과 발전을 거듭하듯 인류 역사도 그렇게 흘러왔습니다. 종말이라도 맞이한 것처럼 느껴졌던 앞선 경제 위기들도 지나고 나면 하나의 굴곡이었을 뿐이고 그 역경들을 딛고 인류는 계속 발전해 왔습니다.

중요한 것은 연속성입니다. 생명도 사회도 우여곡절을 겪으며 아플 수는 있지만, 갑자기 순환이 멈추면 죽을 수 있습니다. 이번 사태를 통해 우리가 관심을 기울이고 발전시켜야 할 부분은 바로 연속성 있는 사회와 경제를 만드는 디지털 솔루션입니다. 앞으로 이런 일은 더 자주, 더 많이 반복될 것이고, 그때마다 지금처럼 전 세계의 경제와 사회가 멈추어 선 채 진정되기를 무작정 기다릴 수는 없습니다. 이것이 디지털 트랜스포메이션을 통해 위기와 변수에 빠르게 적응할 수 있는 유연한 시스템으로 전환해야 하는 이유입니다.

나홀로식
디지털 생태계의
종말

1990년대 후반을 기점으로 전 세계적으로 많은 인터넷 회사가 생기고 성장했습니다. 그리고 마침내, 모든 것을 인터넷을 통해 접근하고 활용하는 시대가 왔죠. 새로운 비즈니스를 시작하는 이들은 가장 먼저 웹사이트를 만들거나 상품 소개와 판매를 위한 모바일 애플리케이션 개발을 계획합니다. 그런데 저는 이 과정에 의문을 제기하고 싶습니다.

다른 플랫폼과 연계되지 않은 독립 웹사이트와 애플리케이션이 앞으로의 비즈니스에서도 유용할까요?

사람들은 더 이상 컴퓨터 앞에서만 인터넷을 사용하지 않습니다

사람들의 인터넷 사용 패턴은 계속해서 변합니다. 유명 IT 벤처 캐피탈 회사인 '클라이너 퍼킨스(Kleiner Perkins)'의 파트너 메리 미커(Mary Meeker)에 따르면 2013년 이후 데스크탑을 통한 인터넷 사용도는 모바일 기기를 통한 인터넷 사용에 역전되었고, 모바일을 통한 인터넷 사용은 계속된 성장세를 보인다고 합니다. 이 중 90%의 사용자가 모바일 애플리케이션으로 인터넷을 사용하는 것에 반해 10%만이 모바일 웹을 통해 인터넷을 사용한다고 합니다(2019년 기준). 페이스북(Facebook)을 예로 들면, 사용자들이 페이스북의 모바일 애플리케이션을 다운받아 사용하는 양이 모바일 웹 브라우저에 접속해 사용하는 양보다 압도적으로 많은 것이죠.

디지털과 관련된 다양한 리서치를 제공하는 미국 컴스코어(Comscore)의 '2017년 미국 모바일 애플리케이션 보고서(The 2017 U.S. Mobile App Report)'에 따르면, 페이스북과 구글의 모바일 앱들이 상위 10개 중 무려 8개를 차지하고 있습니다. B2C 즉, 일반 소비자를 상대로 하는 앱의 경우 사실상 독과점이라는 뜻입니다. 데이터 저널리스트 펠릭스 리히터(Felix Richter)는 "모바일 앱 사용자들은 본인이 주로 사용하는 3개의 앱에서 전체 모바일 사용 시간의 77%를 소비한다."고 말했습니다. 미국 포춘(Fortune) 지의 조사에 따르면 모바일 내의 75%의 앱은 다운로드 후 딱 1번 사용된 이후 삭제된다고 합니다.

이는 사용자가 다운로드된 앱들 중 소수의 서비스만을 지속적으로 사용하는 것을 의미합니다. 이들 중 대부분은 메신저 앱, 소셜 네트워크 앱, 검색 앱 혹은 쇼핑 앱입니다. 종목마다 다르긴 하지만 대중들의 삶에 이미 깊숙이 파고든 기존의 앱 서비스에 도전장을 내미는 생태계 파괴자가 나타나기가 점점 더 어려워지는 구조입니다.

리서치 전문 사이트 스테티스티아(Statista)의 조사에 따르면, 전 세계 모바일 앱을 통한 수익은 2014년 약 970억 달러에서 2019년 4,610 달러로 증가했습니다. 2023년에는 9,350억 달러 이상으로 증가할 것이라고 합니다. 게임 서비스의 수익 비중이 높은 편이지만, 모든 종류의 앱에서 서비스 내 구매(In App Purchase)가 가파르게 상승하는 추세입니다. 서비스를 더 적극적으로 이용하기 위해 또 다른 서비스 혹은 부가 기능들을 구입하는 사람들이 늘고 있다는 뜻이죠.

공유하고 연결되면서 영향력을 키우는 디지털 생태계

이러한 추세에 비추어 보았을 때 나홀로식 독립 디지털 생태계의 전망은 어둡습니다.

사용자들의 인터넷 사용 방식은 하나의 목적을 달성하면 사용을 멈추는 방식에서 관련 주제를 끊임없이 타고다니는 형태로 진화했습니다. 머신러닝과 인공지능 알고리즘을 통해 끊임없이 사용자가 좋아할 만한 것을 추천하는 플랫폼 즉, 유튜브나 페이스북 같은 플랫폼이 강세를 보이고 있죠.

어차피 독립 웹을 구축하더라도 검색에 노출되기 위해서는 유튜브를 소유한 구글 같은 회사에 광고료를 지불해야 하는 경우가 많습니다. 문제는 돈을 들여 자체 웹에 대한 광고를 노출하더라도 신규 사용자 유입에는 한계가 있고, 재방문까지 이어지기 어렵다는 것입니다. 광고 집행이 끝난 후에는 이마저도 끊길 가능성이 높죠.

생태계는 쉬지 않고 변합니다

대표적인 플랫폼 안에서 자신의 도메인을 어떻게 활성화할지에 대해 고민해봐야 합니다. 연령대마다 선호하는 플랫폼이 다르긴 하지만, 페이스북 페이지나 유튜브 계정 혹은 인스타그램 계정이 독립 서비스들보다 훨씬 대중들에게 다가가기에 효과적입니다. 다루는 업의 특성과 콘텐츠의 종류에 따라 자체 디지털 솔루션을 지속해야만 하는 경우도 있으므로, 어느 한쪽에 치우치지 않고 기존의 서비스 플랫폼을 적절히 섞어서 운영하는 것이 가장 현명한 방식일 수 있습니다. 미디어가 자사 방송을 유튜브나 페이스북 라이브로 동시 송출하는 것처럼요. 콘텐츠를 생산하는 미디어들이 자체 웹사이트를 여전히 유지하면서, 다른 디지털 플랫폼에 링크를 걸어 사용자 유입을 늘리는 것은 좋은 전략입니다.

상품을 판매하는 기업의 경우 나이키처럼 세계 최고의 브랜드라면 아마존 같은 거대 상거래 플랫폼에 의지하지 않고도 살아남을 수 있습니다. 자체 상거래 웹사이트 구축과 유지만으로도 엄청난 수익을 올릴 수 있으니까요. 하지만 이 방식은 사이트 유지 비용 및 결제 처리 시스템 비용에 대한 부담뿐 아니라 자사 웹사이트로의 유입을 유도하기 위한 엄청난 브랜딩과 마케팅 비용을 지출해야 하는 만큼, 궤도에 오르지 못한 작은 기업에는 적합하지 않습니다. 그래서 소규모 브랜드는 인스타그램 숍(Instagram Shop)처럼 플랫폼 내 상거래 서비스를 활용하는 것도 좋습니다. 사이트 설계와 기획, SNS와의 연동 등에 대한 부담을 줄이기 위해 서비스 내 구매 시스템 활용을 선호하는 중소기업도 많이 있습니다. 하지만 이 경우에도 역시 브랜딩과 마케팅을 통해 꾸준히 본인들의 브랜드에 대한 가치를 쌓고, 팬층을 형성해야 유지와 성장할 수 있습니다.

변하지 않는 것은 알맹이죠

사람들의 사용 패턴이 데스크탑에서 모바일로 짧은 시간에 옮겨왔듯 모바일에서 다른 디지털 환경으로의 전이도 빠르게 발생할 것입니다. 그래서 지금 시장을 주름잡고 있는 페이스북 같은 회사도 뒤쳐지지 않기 위해 가상·증강현실에 큰 투자를 해가며 새로운 플랫폼으로의 진화를 모색하고 있습니다. 정체되어 있으면 페이스북이라고 해도 지금의 자리를 유지하긴 어려울 테니까요.

'콘텐츠가 왕(Content is King)'이라고들 합니다. 당장은 뜨는 플랫폼에 먼저 올라타는 것이 중요해보일지 몰라도, 근본적으로는 사람들의 이목을 집중시킬 수 있는 콘텐츠 개발이 그 무엇보다 중요하다는 뜻이죠. 사람들의 관심을 유도해 팬층을 만들고 그것을 유지함으로써 브랜드를 구축해야 합니다. 기존 플랫폼의 독과점 현상은 여전히 유효하지만, 시대에 따라 그 플랫폼의 종류는 바뀔 수 있고, 연령대에 따른 플랫폼 사용의 구분이 확연하게 보이는 만큼, 다양한 플랫폼에 맞는 콘텐츠와 브랜딩 전략이 필수입니다. 브랜드에 대한 장기적인 비전 없이 단기적으로 트래픽을 올리거나 상품 판매로 수익을 올리기 위해 광고만 끊임없이 내보내는 것은 오히려 밑 빠진 독에 물 붓기가 될 수 있습니다.

브랜드 구축이라는 것이 처음에는 어렵겠지만 꾸준하게 방향성을 갖고 투자한다면 결국에는 항아리에 물이 차오르는 것을 볼 수 있을 것입니다. 그리고 그렇게 차오른 물은 기업에게 미래의 생명수가 될 것입니다.

그들은 당신이
지난 여름에 한 일을
알고 있다

〈나는 네가 지난 여름에 한 일을 알고 있다.(I Know What You Did Last Summer)〉라는 영화가 있습니다. 고등학생들이 뺑소니 사고를 저지른 후 세월이 지나 복수를 당하는 내용입니다.

우리가 사는 디지털 시대는 개인의 일거수일투족이 기록되어 평생 저장되는 시대입니다. SNS 상에 포스팅하거나 심지어는 게시물 입력 란에 썼다가 지운 글들도 클라우드 서버에 저장됩니다. 영화처럼 뺑소니 사고를 저지르지 않았더라도 과거의 개인 정보가 악용되어 언제든 피해를 입을 수 있는 환경이죠.

개인 정보의 수집과 활용은 양날의 검입니다. 개인의 데이터가 좋은 쪽으로 사용된다면 사회의 시스템을 유지하는 데 큰 도움을 줄 수도 있지만, 이것이 힘을 가진 이들에 의해 잘못 사용된다면 그들의 목적을 이루는 수단으로 변질될 수 있기 때문입니다.

SNS는 새로운 형태의 빅브라더일까?

국가 정보기관보다 테크 기업이 나에 대해 훨씬 잘 알고 있다는 생각, 해본 적 없으신가요? 연락처, 검색, 좋아요, 댓글 등의 기록이 다양한 디지털 플랫폼의 클라우드 데이터베이스에 저장되고, 테크 기업들은 이러한 데이터를 활용해 나의 주소, 직업, 좋아하는 음식, 심지어는 성적 취향까지 꿰뚫고 있으니 말이죠.

중국은 개인의 데이터를 모으고 활용하는 디지털 기술이 가장 발달했습니다. 고도로 발달한 안면인식 기술은 모자를 쓰거나 두꺼운 메이크업을 한 상태라도 어렵지 않게 개인의 신상을 구별해낼 수 있으며, 이미 공공부문에 이 기술을 활용하고 있습니다. 안면인식을 통해 물건을 사고, 공중화장실 화장지 배급을 한다거나, 무단횡단을 하는 사람을 적발해 벌점을 바로 부과하기도 합니다. 또 중국에서는 스마트폰이 개인의 신분증이자, 결제 수단이고, 다양한 공적인 업무마저도 볼 수 있을 정도로 삶에 가장 중요한 도구가 되었습니다. 심지어 '중국 거지는 스마트폰으로 구걸을 한다.'고 할 정도입니다.

전역에 설치된 CCTV를 통해 사람들을 관찰하고, 머신러닝 기술을 통해 실시간으로 개인의 신원을 파악하고 있는 중국 정부는 2022년까지 전국의 관영 감시 카메라를 6,000만 대까지 확대 설치하는 것을 목표로 하고 있습니다. 더 정교한 감시망이 구축되어 더 많은 데이터가 축적될수록 신원 확인 기술의 정확도는 올라갈 것입니다. 중국 정부는 이를 활용해 공공장소에서 수상한 행동을 하는 사람을 제재하고, 위험 요소를 사전에 차단하겠다는 입장입니다. 또 중국 정부는 스마트폰을 통해 공유되는 개인의 위치 정보와 경제 활동 내역을 언제든 열람 가능한 구조도 만들고 있습니다. 이런 데이터들을 개인의 소셜 스코어에 반영하여 차등 관리하겠다는 방침이죠.

언뜻 보면 법과 규제로 인해 사회가 잘 유지되는 '법가 사상'이 추구하는 사회 시스템처럼 보이기도 합니다. 그러나 자세히 생각해 보면 작은 실수도 용납되지 않는 사회로 진화한다는 뜻

온라인 상에 노출된 개인정보가 악용되면서 많은 문제가 발생하고 있습니다.
특히 SNS에 일상을 공유하는 사람들이 많아지면서
SNS 채널이 새로운 빅브라더(big brother)가 될 수 있다는 우려가 높아지고 있죠,
디지털 전환으로 인해 나타나는 새로운 사회 문제에
어떻게 대처할지 논의해야 하는 시점입니다.

일지 모릅니다. 어쩔 수 없이 넘긴 신용카드 결제 기한이, 실수로 길에 떨어뜨린 쓰레기가, 인지하지 못한 채 어긴 교통 법규가 모두 개인의 소셜 스코어에 반영되어 불이익으로 돌아올 수 있는 사회가 되는 것이니까요.

중국의 개인 평가 시스템은 점수가 낮으면 경제 활동뿐 아니라 대중교통 이용까지도 직접적인 제한을 합니다.

수집된 개인 정보를 적극적으로 악용하는 세력이 나타난다면?

개인 정보 관리의 허점을 악용해 개인과 사회에 부정적인 영향을 주었던 사례도 있습니다.

지난 2016년 미국 대선에 러시아 정부의 조직적 개입이 있었다는 주장과 증거가 나와 세계를 혼란에 빠트렸습니다. 페이스북 타겟팅 광고를 통한 여론 조작인데, 트럼프 후보를 대통령에 당선시키기 위해 러시아 정부가 조직적으로 페이스북 광고를 활용했다는 것입니다. 특정 인종, 특정 지역의 유권자들에게 허위 정보를 노출함으로써 많은 유권자를 교란했다는 것이죠. 디지털 플랫폼의 허점을 돈으로 매수해 민주주의의 꽃이라 할 수 있는 선거를 어지럽힌, 최악의 사례입니다.

많은 이들의 공분을 산 N번방 사건에는 개인정보에 접근할 수 있는 공익근무요원이 범죄에 가담했습니다. 그는 피해자의 신상을 미리 파악하여 협박하는 데 악용했죠. 이 사건으로 인해 국민들은 국가와 조직이 정보 관리의 허술함을 노출했을 때 어떤 문제를 야기할 수 있는지 뼈저리게 느꼈습니다. 사실 이와 같은 개인 정보에 대한 악의적이고 조직적인 위협을 개인이 일일이 감시하고 통제하는 것은 불가능합니다. 때문에 개인 정보를 활용할 수 있는 누군가가 목적을 가지고 개인 정보를 악용한다면, 개개인은 이를 당해낼 재간이 없습니다. 우리의 개인 정보 수집과 기록의 열람에 대한 철저한 시스템을 구축하지 않는다면 언제든 국가가 수집한 정보가 누군가의 삶을 파괴하는 데 악용될 수 있습니다. N번방 사태처럼 말입니다.

기술의 발달로 인해 인간의 노동력에 대한 의존도가 낮아지고 특정 기술과 자산을 소유한 이들의 힘은 막강해질 것입니다. 이를 통해 우리가 경계하는 디스토피아적 빅브라더가 탄생할지도 모릅니다.

코로나19 사태와 같은 국가 재난 상황이 빈번해질수록 개인 정보에 대한 정부의 접근과 활용은 늘어날 것입니다. 개인의 사생활 보다 공익의 안전을 우선시해야 하는 경우는 언제든 발생할 수 있습니다. 그러므로 사회적 합의를 통해 개인 정보 접근 기준을 마련해야 합니다. 소수의 지배층이 개인의 정보를 악용해 사회를 위협하고 인권을 억압할 수 없도록 국민 대다수가 동의할 만한 기준을 세우고 이를 법령으로 제정하는 노력을 기울여야 합니다.

개인 혹은 특정 조직이 목적을 가지고 개인 정보를 악용할 수 없는 시스템을 구축해야 합니다. 시간이 지나 정보의 불균형이 더 심각해지고 정보의 접근 권한이 소수의 특권으로 굳어질수록, 대중을 위한 합리적 기준을 세우는 것은 지금보다 훨씬 어려워질 테니까요.

타다와 택시업계
갈등의 책임은
누구에게 있나?

‘타다’라는 차량 호출 서비스의 등장은 세간의 관심을 끌었습니다. 법원에서는 무죄 판결이 나왔으나, 지난 2020년 3월 4일 국회 법사위를 통과한 여객자동차 운수사업법 개정안으로 인해 타다는 현재 제한적인 서비스만 제공하고 있습니다.

타다를 택시로 볼 것이냐 아니냐가 쟁점이 되어 IT업계와 택시 업계가 첨예하게 대립해 있을 당시 이재웅 ‘타다’ 대표의 JTBC 뉴스룸 인터뷰를 보았습니다. 현재의 여객자동차 운수사업법 기준에 의거하여 ‘타다’라는 새로운 형태의 서비스가 합법인지, 불법인지에 대한 쟁점과 대안을 논하는 자리였습니다.

개인적으로 관심 있게 보는 주제이기도 했고, 20년 만에 공개 인터뷰에 모습을 드러낸 한국 IT업계의 거물이 어떤 대응을 할지 궁금하기도 했습니다. 당시 손석희 앵커는 타다의 반대측인 택시 노조의 입장을 대변하며 양쪽의 입장을 모두 들을 수 있도록 인터뷰를 진행했습니다.

이번 사태에 대해 택시업계는 타다가 법의 빈틈을 이용해 만들어진 유사 택시 서비스 및 카풀 서비스이며 택시업계의 영업을 침해한다고 주장했습니다. 이 때문에 자신들의 생존권마저 위협받는다고 주장했죠. 반대로 IT업계는 본인들의 서비스가 실질적인 법 규정을 어긴 적이 없고, 그들이 노리는 타깃 층은 새로운 수요를 창출해 만들어내는 고객들인 만큼 기존의 택시 업계에 큰 악영향을 미치는 것은 아니라고 주장했습니다. 또한 자신들 때문에 택시 업계 전체가 영향을 받는 것이 아니고 택시 운전사들 사이에서도 주장이 나뉜다고 말합니다.

'우버'가 등장했을 때, 미국의 분위기를 살펴보자

양측의 주장에 참과 거짓이 모두 공존합니다. '우버'와 같은 택시 매칭 서비스나 '타다'가 기존 택시 회사들의 밥그릇을 빼앗는 것은 부정할 수 없는 사실입니다. 뉴욕을 예로 들어 보아도, 우버나 리프트 같은 택시 매칭 서비스가 도입된 뒤로 '옐로캡'으로 불리는 일반 택시의 수는 현저히 줄었습니다. 옐로캡을 운행하기 위해 필요한 라이센스 '메달리온'의 경우, 예전에는 130만 달러 이상에 거래되기도 했지만, 현재는 1만 5,000달러 선이면 구할 수 있을 정도로 그 가치가 폭락했습니다. 이러한 문제에 대해 캐나다의 밴쿠버나 대한민국 서울처럼 우버 영업을 완전히 혹은 제한적으로 불허한 도시들이 여러 곳 있습니다. 같은 맥락에서 타다를 이용하는 고객 중에는 택시를 조금 더 편하게 이용하고자 하는 경우가 많기에 완벽히 새로운 시장을 창출해 영업한다는 이재웅 대표의 말은 과장에 가깝습니다.

하지만 택시업계의 반발처럼 이러한 새로운 비즈니스 모델이 택시 업계를 파국으로 몰고갈까요? 뉴욕에서는 우버가 생기기 전부터 옐로캡 이외에도 블랙캡, 멕시칸 택시, 집시캡 등이 존재했습니다. 옐로캡은 대표적인 택시 비즈니스일 뿐이지, 택시 업계 전체를 대변하지는 않습니다. 그리고 우버가 들어오고 나서 옐로캡의 수와 메달리온 라이센스의 가치가 하락한 것이지, 택시

기사의 수가 준 것은 아닙니다. 뉴욕에서 우버 기사로 일하기 위해서는 택시 운전사 자격증이 있어야 합니다.

타다 같은 회사의 택시 업계 진출로 인해 업의 형태가 변하는 것이지, 근본적으로 새로운 업이 탄생하는 것은 아니라고 볼 수 있습니다. 그런 면에서 보면 피해를 보는 것은 택시 업계가 아닌 '변화에 적응하지 못한 택시 업체'라고 보는 것이 옳습니다.

자율주행 트럭과 타다는 성실한 노동자들의 일자리를 빼앗는 '악당'일까?

그렇다면 택시 업계를 비난해야 할까요? 미국의 노동자 그룹 안에 한국의 택시 업계와 비슷한 주장을 하는 직업이 있습니다. 바로 대형 트럭 운전사들입니다.

미국의 트럭 운전사 수는 350만 명 정도로 추산됩니다. 이들과 연계된 고속도로 비즈니스에 종사하는 사람들의 수는 800만 명을 웃돈다고 합니다. 대학 진학보다는 이른 나이에 경제활동을 시작한 사람들이 많고, 특별한 기술을 보유했다기보다는 근면 성실하게 고강도의 운전 스케줄을 맞춰가며 생계를 이어가는 사람들입니다. 이들은 '무인 화물 배송 시스템'이라는 새로운 비즈니스와의 전쟁을 예고하고 있습니다. 연구 수준을 지나 상용화에 들어서긴 했지만, 완전한 무인 화물 배송 시스템까지는 아직 갈 길이 멉니다. 자동차에 달린 카메라와 초음파 센서 등으로 사물을 인식해가며 운전하는 게 일반적인 기술인데, 인간의 도움 없이 완벽하게 목적지에 도착하기까지는 기술적으로 넘어야 할 산들이 남아 있습니다.

하지만 자동차 디지털화 시나리오에 인간의 자리는 없습니다. 도로에서 일어나는 일을 감시하는 카메라와 센서는 더욱 발전할 것이고, 주행 중인 자동차들이 서로 실시간 커뮤니케이션을 합니다. 발생하는 데이터를 중앙 혹은 분산 관제 시스템에 전송하면 중앙 교통 통제 시스템이 혹시라도 있을지 모르는 변수를 제어합니다. 이 수준의 자율주행이 현실화되면 인간은 무인 자동차가 잘 가고 있는지 관제 센터에서 확인하는 정도의 일만 하게 될 것입니다. 이를 위한 인력의 수는 따져볼 것도 없이 현재 대형 트럭 운전 인력과 비교해 현저히 적겠죠. 현재 트럭 운전사로 일하는 사람이나 자율주행이 아닌 다른 형태의 화물 배송 비즈니스를 하고 있는 사람들이 성공할 확률은 높지 않다는 뜻입니다. 현재 택시 회사들도 마찬가지 상황입니다. 완전 자율주행이 실현될 미래에, 기존의 택시 회사가 무인 택시 회사와 경쟁에서 승리할 확률은 매우 낮습니다.

물론 수많은 사람들의 생존권이 걸린 만큼 택시 업계의 반발을 이해할 수 없는 것은 아닙니다. 그러나 전 세계적 시대의 흐름에 반하는 결정 때문에 창업가들의 혁신이 가로막히는 것은 안타까운 현실입니다. 뉴스룸 인터뷰 중간 이 대표는 소극적인 중재와 정치적 행보로 상황을 모면하려고 하는 정부에 대한 안타까움을 표했습니다. 혁신을 우선시하겠다는 현 정부의 방침과 실제 현장 사이의 괴리가 있음을 느낄 수 있는 대목이었습니다.

그의 발언 중 흥미로운 부분은 타다 같은 회사가 높은 수준의 세금도 감내하며 기존의 업계와 공생할 수 있도록 협조하겠다는 부분입니다. 아마존은 2018년 한 해 110억 달러를 벌었지만, 2019년 연방 세금을 합법적으로 한 푼도 내지 않아 이슈가 되었습니다. 이윤 추구를 목표로 하는 기업이 다양한 방법으로 절세를 하고자 노력하는 것이 무조건 잘못된 것이라고 보긴 어렵지만, 충분히 의문을 제기할 수 있는 일이었습니다.

정부가 기업들로부터 철저하게 세금을 걷어, 사양 산업에 종사하는 노동자들이 다른 삶의 길을 찾도록 대안을 마련하는 것이 중요합니다. 미국뿐 아니라 유럽의 여러 국가에서는 국가에서 기본소득을 지급해야 한다는 목소리도 커지고 있습니다. 기술의 발전으로 소외되는 이들을 위한 최소한의 완충재가 필요하다는 것입니다. 이를 국가 정책으로 만들기 위해서는 넘어야 할 산이 높기에 각국은 여러 대안을 찾고 있습니다.

택시 업계와 IT업계 사이의 대립 같은 사례는 디지털 트랜스포메이션이 진행되는 과정에서 계속 나타날 것으로 예상됩니다. 정부가 좀 더 적극적으로 이 문제를 해결할 의지를 보여야 하는 이유입니다.

가상현실과
증강현실을 통한
차원의 접근

페이스북의 2020년 1분기 실적 중 비광고 매출이 전년도에 비해 80% 상승했습니다.

페이스북이 직접 새로 발표한 가상현실 기기 '오큘러스 퀘스트(Oculus Quest)'가 이 성장에 가장 크게 기여했다고 밝힐 정도로 가상현실(VR)·증강현실(AR) 시장의 상승세는 엄청납니다. 미국의 경제 전문지 포브스(Forbes)에 따르면 2023년까지 전 세계 인구의 2%가 가상현실 기기를 사용하게 될 것이라고 합니다. 가상·증강현실 기기가 대중에 소개된 지 불과 몇 년이 되지 않은 것을 생각하면 괄목할 만한 성장입니다.

공간적, 시간적 제약을 초월하는 경험

우리는 3차원 세상에 살고 있습니다. 공간 안에 함께 존재하는 사람, 사물과 상호작용하죠. 하지만 앞으로 우리가 살아갈 세상은 한 공간 안에 몇 가지 차원이 더해진 '다차원의 세상'이 될 것입니다. 영화나 SF소설에 등장하는 것처럼 시공간을 엄청난 물리력으로 구부리거나 뚫는 형태라기보다는 가상·증강현실 기술의 적용을 통해 공간적, 시간적 제약을 우회하는 형태로 말이죠. 가상·증강현실 기술이 빠르게 발전하는 이유는 다차원적 접근이 평면 디스플레이를 통한 접근보다 몰입감이 크기 때문입니다. 몰입감이 클수록 콘텐츠를 더 효과적으로 접할 수 있으니까요.

인간은 실제 환경과 비슷하거나 익숙할수록 더 빠르게 반응하는 성향을 지니고 있습니다. 그래서 2차원에 비해 실제 세상과 더 가까운 3차원의 환경을 사용자들에게 제공했을 때, 선호도가 높습니다. 이제 인류는 가상·증강현실 기술을 통해 콘텐츠를 3차원으로 보는 데 그치지 않고, 3차원 안에서 또 다른 차원을 더하거나 완벽히 통제된 디지털 차원에 들어가 몰입형 경험(Immersive Experience)을 하는 단계로 들어서고 있습니다.

영화와 게임뿐 아니라, 의료 및 엔지니어링 분야까지 이미 광범위하게 사용되고 있는 가상·증강현실 기술에 대해 이야기 해보겠습니다.

VR=새로운 세계로 들어가는 경험

가상현실(VR, Virtual Reality)은 헤드셋과 핸드 컨트롤러를 이용해 완벽히 통제된 가상의 차원에서 이루어지는 경험입니다.

가상현실 헤드셋은 외부의 빛과 소리를 차단해 콘텐츠가 실제 의도한 환경 속에 집중할 수 있게 만듭니다. 현재는 헬멧형 헤드셋을 장착해야 가상현실 체험을 할 수 있습니다. 기술이 더 발달하면 헤드셋의 크기는 소형화, 경량화되겠죠. 헤드셋을 착용하면 바깥 세상과 단절됩니다. 그리고 센서가 장착된 장갑이나 조이스틱 형태의 핸드 컨트롤러를 이용해 가상세계 안에서 행동하고 소통합니다.

가상현실 장비를 모두 갖추고 나면 사용자를 둘러싼 실제 환경은 더 이상 의미가 없어집니다. 스티븐 스필버그 감독의 영화 〈레디 플레이어 원(Ready Player One)〉에서 주인공이 게임 세상에 접속하는 순간 모든 것이 바뀌듯 말이죠.

게임이나 영화처럼 스토리와 경험이 중요한 콘텐츠에 가상현실 기술이 쓰일 경우, 사용자의 몰입은 극대화됩니다. 그래서 엔터테인먼트와 교육, 의료 분야 등에서 엄청난 잠재력을 가지고 있습니다. 특히 의료 분야에서 외상 후 스트레스 장애 치료, 알코올중독 치료, 재활 치료 등에 가상현실 노출 치료(Virtual Reality Exposure Therapy)법이 큰 효과를 보인다는 연구 결과가 있습니다.

AR=현실에 새로운 차원을 더하는 경험

증강현실(AR, Augmented Reality)은 눈앞에 세상 속에 새로운 차원을 여는 경험입니다.

환경을 통제해 특별한 몰입감을 주는 가상현실과는 달리, 증강현실은 실제 우리가 살고 있는 환경에 추가로 차원을 입힙니다. 증강현실은 가상현실보다 조금 더 다양한 기기와 방식으로 콘텐츠를 즐길 수 있습니다. 사용하고자 하는 콘텐츠에 따

가상현실(위)과 증강현실(아래) 기술로 인해
우리는 3차원 이상을 경험할 수 있게 되었습니다.

라 헬멧형 증강현실 기기를 사용하거나, 스마트폰을 사용합니다. 홀로그램 기술이 적용된 하드웨어를 통해 가상의 존재를 소환하기도 하죠. 세계적으로 선풍적인 인기를 끌었던 게임 '포켓몬 고(Pockemon Go)'는 스마트폰을 활용한 증강현실의 좋은 예입니다. 스마트폰의 렌즈와 디스플레이를 통해 가상의 몬스터를 실제 우리의 차원 속에서 잡을 수 있는 게임이죠.

헤드셋은 여러 겹의 투명 글라스 구조로 되어 있고, 그 중 디스플레이 역할을 하는 글라스에 이미지 상을 맺히게 하여, 차원을 덧대는 구조로 이루어져 있습니다.

증강현실은 콘트롤러보다는 손의 움직임을 카메라와 모션 센서가 감지해 인터렉션 하는 경우가 많습니다. 그래서 현재 기술에서는 빛의 간섭이 심하거나, 손의 움직임이 부정확한 경우 인터렉션에 어려움이 있습니다. 하지만 사용자가 실제 존재하는 환경에 필요한 정보와 기능을 입힐 수 있어서 문맥과 상황이 중시되는 현장에서 증강현실을 통한 정보 전달의 효과는 뛰어납니다. 실제로 항공기 제조사 보잉(Boeing)이 마이크로소프트의 증강현실 기기 홀로렌즈2(HoloLens 2)를 제조 공정의 교육 시스템에 적용했습니다. 그 결과 기존의 교육방식보다 90% 이상 더 좋은 효과를 보였으며, 이로 인해 30%의 작업 시간 감축 효과를 가져왔다고 합니다.

가상현실은 '몰입'에, 증강현실은 '활용'에 방점이 찍힌 만큼 이들을 통해 누릴 수 있는 콘텐츠나 기능들은 비슷한 듯하면서 다릅니다. 콘텐츠를 제작하는 사람이라면 두 기술의 쓰임과 차이점을 알고 적극적으로 활용하여 새로운 가치를 만들어낼 수 있을 것입니다.

영화 〈매트릭스(Matrix)〉의 주인공 네오가 가상현실에 접속해 디지털 세상으로 들어가듯 앞으로 많은 가상의 디지털 세상이 생겨 그 안에서 새로운 삶을 살아가는 사람들을 보게 될 지도 모릅니다. 이전에는 상상하기 어려웠던 현실과 가상의 실체적 조화를 가져다주는 증강현실은 의료, 교육, 업무 등의 광범위한 영역에서 차원이 지닌 한계를 넘을 수 있도록 도와줄 것입니다. 현재의 기술적 장벽, 헤드셋의 크기와 인터렉션의 정확도 등도 계속해서 발전해 우리의 실생활에서 가상·증강현실 기술의 사례를 만날 일은 더욱 잦아질 것입니다.

인공지능은 만능일까?

'인공지능이란 무엇인가요?' 인공지능이 비록 인간의 창조물이지만, 개인적으로 이 질문은 '인간이란 무엇인가?'만큼 어려운 질문 아닌가 합니다. 아직 그 누구도 완벽한 정의를 내리지 못했기 때문입니다. 인공지능은 물리적 형태라기보단 추상적 개념에 가깝습니다. 인공지능은 영화 〈아이언맨(Iron Man)〉에 등장하는 자비스(Jarvis) 같은 만능 비서일 수도 있지만, 그냥 몇 줄의 코드일 수도 있습니다. 남성일 수도 있고, 여성일 수도 있으며, 성별이 존재하지 않을 수 있습니다.

인공지능은 세상 어디에나 존재 가능할 수 있지만 우리가 일상생활에서 쉽게 알아채지 못할 수도 있습니다. 쓸모가 있을 수도, 쓸모가 없을 수도 있고 적용하기에 따라 어떤 형태로도 진화가 가능합니다. 복잡하고 정의 내리기조차 쉽지 않은 이 인공지능을 우리는 어떻게 바라보고 활용해야 할까요?

당신은 오늘도 인공지능을 이용했다?

동료들과 밥을 먹으러 가서 어떤 음식을 먹을지 혹은 누가 계산할지 등을 사다리 게임을 통해 결정할 때가 있습니다. 환경이 주어지고 선택 명령을 내리면 주어진 갈래 안에서 결론에 도달하는 방식이죠. 물론 이 정도로 간단하게 구성된 선택지를 인공지능이라 하긴 어렵지만, 기본 개념은 유사합니다. 인공지능은 '정해진 환경과 변수에 따라 반응하는 기제들의 모임'이기 때문입니다.

인공지능은 사다리 게임과 달리 머신러닝을 통해 변수를 무한히 대입해가며 학습할 수 있고, 어떤 방향성이 설정되면 그 학습 능력을 통해 원하는 목표에 성공적으로 도달할 수 있는 패턴을 만들어 낼 수 있습니다. 경우의 수가 너무 많아 인간을 이기는 것이 불가능할 것만 같았던 바둑에서조차 인간의 창의성을 앞지를 정도로 인공지능의 학습 능력과 인지 및 판단 능력은 대단합니다.

인공지능이라 하면 우리의 삶과 동떨어져 있는 미래의 기술 같은 느낌이 들지만, 이미 우리의 삶 속에 인공지능은 꽤 깊숙이 들어와 있습니다. 우리가 영상을 보기 위해 사용하는 유튜브나 넷플릭스(Netflix) 같은 플랫폼들은 인공지능 기술을 활용해 사용자들의 서비스 경험을 향상시킵니다.

예를 들어 사용자가 올림픽 축구 예선전을 관람하기 위해 검색창에 '올림픽 축구 아시아 예선'이라고 입력할 경우, 검색 결과는 사용자마다 다를 수 있습니다. 사용자의 이전 검색 기록과 접속 장소 등에 기반하여 프로필을 만들어서 같은 축구 예선이라 해도, 어떤 팀의 어떤 선수의 영상을 먼저 보여줄지 인공지능이 판단하기 때문입니다. 영상 시청 후 추천 영상의 알고리즘도 인공지능의 영역입니다. 비슷한 상황에서 여러 사용자군의 행동 패턴을 학습해 얻은 데이터를 바탕으로 영상과 시청자 사이의 관계를 파악해 어떤 영상을 보여줄지 판단하죠. 사용자가 다음 영상을 볼지 보지 않을지에 따라, 추천 영상을 얼마나 오래 보는지에 따라 해당 영상의 가치와 추천 순위도 계속해서 변화합니다. 이렇게 간단해 보이는 기능도 이면에는 인공지능이 설계한 알고리즘이 있습니다.

사진만 보고도 무엇인지 알려주는 '사물 인식 기능'도 끊임없는 머신 러닝과 인공지능 알고리즘의 좋은 예입니다. 이러한 사물 인식 인공지능 기술의 발달로 운전자 없이 안전하게 목적지까지 도달할 수 있는 자율주행 기술도 가능하게 되는 것이죠.

인공지능의 능력은 어디까지일까?

이렇게 탁월한 능력을 가졌기에 인공지능이 많은 문제를 해결해 줄 거라는 막연한 기대를 하기도 합니다. 영화 〈그녀(Her)〉에는 인공지능이 인간을 대신해 남자 주인공과 사랑에 빠지는 설정이 나오고, 영화 〈아이언맨〉에서는 인공지능이 최고의 보안을 자랑하는 보안 체계조차 순식간에 무력화시킬 정도로 막강한 능력을 발휘합니다. 언젠가는 영화와 같이 고차원의 인공지능이 개발될 지도 모르겠습니다만, 아직 인간의 기술이 그 정도 위치에는 도달하지 못했습니다.

2019년 구글의 개발자 컨퍼런스인 I/O에서 공개된 인공지능이 실제 사람과의 대화를 통해 미용실을 예약하는 장면은 인공지능의 자연어 구사 능력이 얼마나 발전했는지 보여주었습니다. 하지만 이 역시 미용실 예약이라는 한정된 상황과 변수 그리고 목적을 두고 이루어진 전개였습니다. 제한된 상황을 벗어나 예측되지 않은 변수가 발생한다면, 인공지능 커뮤니케이션의 정확도는 현저히 떨어질 수밖에 없습니다. 자율주행의 핵심 기술인 사물 인식 기술도 여전히 더 많은 발전이 요구됩니다. 차량의 앞면과 뒷면의 사물 인지 능력은 많이 좋아졌으나, 옆면에 대한 인지가 떨어져 교통 사고가 일어나는 사례가 많기 때문입니다.

세계 최고의 바둑기사인 이세돌 9단을 상대로 압도적인 실력을 보여준 구글의 알파고(Alpha Go)도, 바둑이 아니면 아무 쓸모 없는 인공지능일 수 있습니다. 만일 알파고가 스타크래프트(Starcraft)같이 다른 룰을 가지고 있는 게임에 바로 투입된다면 일반인 조차 이기기 어려울 것입니다. 하지만 충분한 시간을 가지고 학습하고 발전시키면 임요환 같은 전설의 플레이어들도 손쉽게 이길 것입니다.

지금의 인공지능은 상황과 변수가 통제된다면 엄청난

능력을 발휘하지만, 그 상황 자체가 성립이 안 되면 무용지물인 단계입니다. 그런 만큼 우리는 현재의 인공지능을 '하나의 단편적인 축이 엄청나게 발달한(혹은 발전시킬 수 있는) 도구' 정도로 바라보는 게 옳을 것입니다.

인공지능의 미래는 인간에게 달렸다

발전을 거듭한 인공지능이 언젠가는 영화 〈터미네이터(The Terminator)〉에 나오는 스카이넷(Skynet)처럼 자각 후 인류를 멸망시키진 않을까 하는 걱정도 있습니다. 테슬라(Tesla)의 창업자 일론머스크(Elon Musk)도 '인공지능이 인류에게 재앙을 가져올 수 있다.'고 경고했습니다. 현재는 그럴 능력이 없더라도 앞으로도 그렇지 못하리란 보장은 없으니까요.

중요한 것은 인공지능의 발전 방향과 존재 목적을 결정하는 것이 인간이어야 한다는 점입니다. 이를 위해 대중을 위한 인공지능 관련 교육을 시작해야 합니다. 또 이 엄청난 도구를 소수의 자본과 권력을 지닌 사람들만 독점하지 못하도록 견제해야

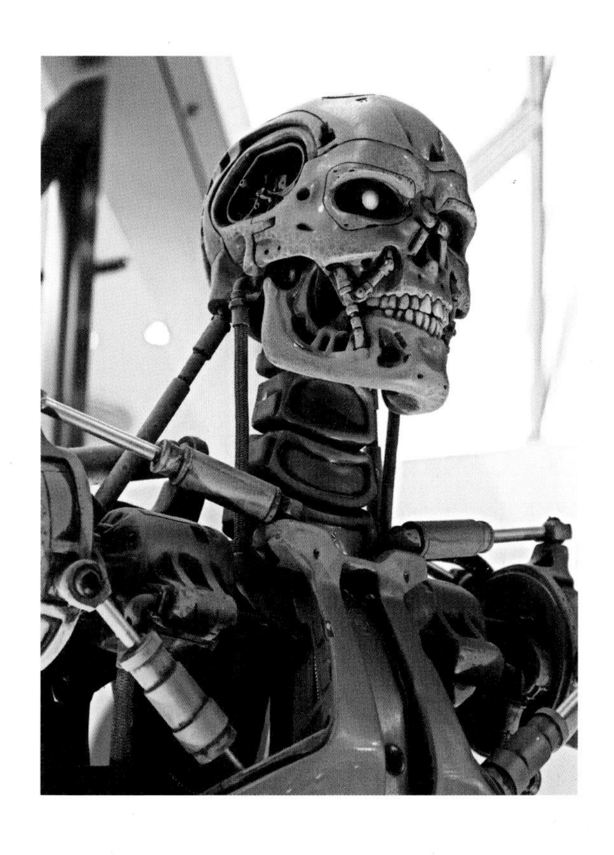

영화나 대중매체에서는 지능을 가진 로봇과 인간이 공존하는 세상을
디스토피아적으로 그리곤 합니다. 제 생각은 좀 다릅니다.
지금의 인공지능은 갓 태어난 아기와 다름 없습니다.
지금 우리가 어떤 태도를 취하느냐에 따라
긍정적으로 혹은 부정적으로 인류에 영향을 미칠 수 있죠.

합니다. 인공지능이 인권에 위반되는 행위에 활용되는 것을 제약할 수 있는 법적 근거도 마련해야 합니다. 사람이 실수하면 고통을 받고 죄를 지으면 처벌을 받듯이 인공지능도 잘못된 방향으로 갔을 때 인위적 통증을 느끼고 개선할 수 있는 시스템이 필요합니다. 인간과 인공지능의 상생을 위해서 이러한 구조적인 규칙과 제한은 반드시 필요합니다.

인공지능은 어떻게 보면 아무 감정 없는 망치나 톱 같은 도구같지만, 인류를 위해 무한한 가능성을 열어주는 중요한 열쇠가 될 수도 있습니다. 혹은 몇몇 사람들이 걱정하듯 인류 멸망의 실마리를 제공할지도 모르죠. 인공지능은 이미 우리가 사는 세상에 함께 하고 있습니다. 현재는 이것이 어떤 방향의 어떤 모습으로 발전할 것이라 섣불리 예단하기 어려운 초보적 단계입니다. 많은 가능성이 열려 있다는 뜻이죠.

이 기술을 갓 태어난 아기처럼 바라보는 것은 어떨까요? 사랑과 관심을 주어 서로 건강한 관계를 맺어야 하니까요. 인공지능이 앞으로 어떤 방향으로 발전할지는 지금 우리에게 달려 있습니다.

클라우드 컴퓨팅을 바라보는 시선

지난 몇 년간 디지털 업계에서 가장 핫한 키워드를 꼽을 때 '클라우드 컴퓨팅'을 빼놓을 수 없습니다.

IT업계에 종사하는 사람들과 비즈니스 관계자들은 클라우드의 중요성에 대해 오랫동안 강조해왔습니다. '2020년 퍼블릭 클라우드 시장 조사 리포트(2020 State of the Public Cloud Market Report)'는 매년 두 자릿대 성장률을 기록 중인 클라우드 컴퓨팅 시장이 2020년에도 16.6% 성장해 전체 규모가 2,498억 달러에 이를 것으로 추산하고 있습니다.

미국의 상장 기업 중 90%가량이 클라우드 기술을 사용하고 있고, 60%의 작업이 클라우드 기반을 통해 이루어지며,

30%의 IT 예산이 클라우드 시스템 구축에 편성된다고 합니다. 왜 많은 회사가 자체 데이터 센터에 대한 투자 대신 클라우드에 과감한 투자를 하는 걸까요?

클라우드 컴퓨팅 기술은 디지털 트랜스포메이션 인프라를 구축하는 필수 요소

클라우드 컴퓨팅 기술에 대한 정의는 보는 시각에 따라 조금씩 다를 수 있습니다. 그러나 일반적으로는 인터넷을 통해 가상화된 컴퓨터의 시스템 리소스를 필요에 따라 실시간으로 받아 사용하는 기술을 이야기합니다. 개인 컴퓨터에 있는 데이터를 클라우드 서버에 올리면 USB나 외장하드 같은 물리적 장치 없이도 언제 어디서나 그 클라우드 서비스를 통해 데이터에 접속할 수 있죠. 이미 많이 사용하고 있는 웹하드나 드랍박스(Dropbox) 같은 서비스도 클라우드 기술을 활용한 것입니다.

클라우드 기술은 각종 데이터의 저장과 이를 활용한 소프트웨어 개발, 그리고 기업형 인프라스트럭처 구축까지 다양한 방식으로 활용됩니다. 이를 인프라스트럭쳐 서비스(IaaS: Infrastructure as a Service), 소프트웨어 서비스(SaaS: Software as a Service), 플랫폼 서비스(PaaS: Platform as a Service)라고 하는데, 쓰임은 조금씩 다르지만 기본적으로 모든 것이 서비스가 되는(EaaS: Everything as a Service) 모델이기에 디지털 전환을 위한 인프라 구축에 유용합니다.

도달하고자 하는 목적지가 있을 때, 결국 그 목적지까지 가야 하는 것은 나 자신입니다. 하지만 시스템은 그곳에 도달할 수 있도록 도로망을 건설하고, 운송 수단을 제공하고, 내비게이션을 제공하여 도움을 주죠. 클라우드 컴퓨팅 기술도 같습니다.

데이터 저장, 손쉬운 공유뿐 아니라 맞춤형 플랫폼 제공까지

클라우드 컴퓨팅 기술은 가상 컴퓨팅(Virtual Computing)을 통해 데이터를 처리할 수 있게 돕습니다. 인터넷만 연결되어 있다면 어떠한 데이터라도 저장하고 활용할 수 있죠. 이런 클라우드 컴퓨팅 기술을 기반으로 고객이 사용하고자 하는 방식에 맞는 플랫폼과 서비스를 제공할 수 있습니다.

전자상거래 비즈니스를 하는 회사에서 고객을 효과적으로 관리하기 위해 고객 데이터 저장 및 처리를 위한 디지털 솔루션을 구축하고자 할 때, 과거에는 인력과 예산을 들여 데이터 센터를 만들고 고객 데이터를 관리하는 프로그램을 개발했습니다. 그러나 지금은 클라우드 사업자가 제공하는 데이터 저장 서비스와 데이터 분석 서비스를 연동해 사용하는 기업들이 더 많습니다. 막대한 초기 구축 비용을 절감하고 실패 확률도 줄일 수 있기 때문이죠. 특히 성장하는 기업에게 클라우드 컴퓨팅 기술을 이용한 인프라스트럭쳐 서비스는 매우 유용합니다. 성장 속도에 맞추어 빠르게 발전된 시스템을 구축해야 하는데 이에 대한 부담을 덜 수 있고, 사용료는 이용한 기간만큼만 지불하면 되니까요.

현재 클라우드 컴퓨팅 기술은 신의 영역이라 불리는 양자 컴퓨팅(Quantum Computing)✦ 이 서비스로 제공되는 단계까지

✦ 양자역학을 활용하여 계산을 수행하는 기술. 반도체가 아닌 원자를 기억소자로 활용하며, 슈퍼컴퓨터의 한계를 뛰어넘는 미래형 컴퓨팅 기술로 불립니다.

발전했죠. 이와 같은 클라우드 컴퓨팅 기술의 발전과 적용으로 인해 우리 일상생활의 변화뿐 아니라, 산업적인 측면에서 전통적으로 인터넷과 큰 상관이 없는 업종으로 분류되었던 농업 분야에서도 많은 변화가 일어날 것입니다. 클라우드 컴퓨팅을 기반으로 하는 사물인터넷 기술은 농작물의 상태에 대한 실시간 데이터를 모으고 이를 분석해 더 양질의 상품을 만드는 데 직접적인 도움을 줄 수 있습니다. 단순하게 하드웨어의 경계가 아닌 사람과 사람 사이의 경계, 기계와 사람 사이의 경계, 사람과 동식물과의 경계 등도 점점 낮아질 것입니다.

기술을 적용하되, 서두르지는 말 것

클라우드 컴퓨팅 기술로 인해 전통적 경계와 상호작용의 룰이 바뀌는 시점에서 우리는 디지털을 제대로 이해하고 접근해야 하며, 사람 중심의 지속 가능한 디자인을 해야 합니다. 변화에 대한 이해 없이 성급하게 접근한다면, 이를 바로잡기 위해 몇 배의 노력을 기울여야 할 수도 있습니다.

지금 시점에서 비즈니스나 기관을 위한 자체 데이터 센터 건립 혹은 하나의 하드웨어만을 염두에 둔 서비스 디자인 등과 같은 방식은 지양해야 합니다. 나중에 비즈니스나 기관이 큰 폭으로 성장하거나 환경 변화에 처했을 때 많은 시스템 개선 비용과 시간이 들기 때문입니다. 이는 곧 경쟁에서 뒤처지는 요인이 될 수 있죠.

클라우드 컴퓨팅의 발달로 인해 우리 인류는 시간과 공간의 제약에서 더욱더 자유로워질 것입니다. 삶의 모습도 변하겠죠. 다양한 산업에 새로운 기회를 열어줄 것이고, 이를 통해 꿈꿔오던 많은 상상이 현실이 될 것입니다. 모든 것이 서비스가 되는 클라우드 컴퓨팅 서비스 안에서, 계속 새로운 서비스가 나올 것입니다. 개인과 비즈니스 그리고 기관이 이를 잘 이해하고 활용한다면 변화와 경쟁에서 승리할 수 있는 특이점(Singularity)을 마련해줄 것입니다.

Chapter 2

디지털 트랜스포메이션, 일상을 바꾸다

모빌리티의 디지털 트랜스포메이션 1.

전기자동차? 아니 스마트자동차

전기의 대중화를 이끌었던 토머스 에디슨(Thomas Edison)의 라이벌 니콜라 테슬라(Nikola Tesla)의 이름에서 따온 '테슬라'라는 전기차 회사가 있습니다.

테슬라는 내연기관 중심이었던 자동차 생태계를 전기 자동차 생태계로 재편하는 파괴자(Disruptor) 역할을 하고 있습니다. 전 세계에서 가장 큰 자동차 시장인 미국에서 이미 벤츠의 판매량을 넘어선 지 오래고, 기존의 메이저 자동차 회사들은 테슬라를 따라잡기 위해 전기차 개발에 몰두하고 있죠. BMW의 미니와 폭스바겐의 골프 같은 대중적으로 많은 사랑을 받는 자동차 라인업들도 전기차 시장 경쟁에 참전하며 경쟁의 열기는 더욱 뜨거워지고 있습니다.

그런데 한 가지 흥미로운 점은 새로운 전기 차량이 공개될 때마다 대중이 주목하는 부분이 여전히 주행 성능이나 디자인보단 배터리 성능인 경우가 많다는 것입니다. 출시된 여러 경쟁 모델의 마일리지를 비교 분석하는 기사가 넘쳐나기도 하죠. 일상생활의 중요한 부분을 차지하는 이동 수단이 연료 부족으로 멈추거나 사고 위험에 처하는 상황에 대한 우려를 반영하는 것으로 생각합니다.

이 배터리에 대한 논쟁은 어디인지 모르게 익숙합니다. 특히 배터리 용량과 성능 그리고 재충전에 관해 스마트폰과 전기자동차는 놀랄 만큼 닮았습니다.

스마트폰의 배터리 논란, 어떻게 잠잠해졌을까?

아이폰이 처음 출시되었을 때 많은 사람들이 아이폰은 예쁘지만, 배터리 용량이 너무 적어서 채 하루도 사용할 수 없다고 지적했죠. 물론 사실이기도 했습니다. 애플의 경쟁사들은 "우리 핸드폰은 2~3일을 써도 될 만큼 배터리가 충분하다."며 이 점을 공략해 마케팅했습니다. 하지만 스마트폰의 배터리 문제는 초창기 몇 개 모델을 제외하고는 판매에 지장을 줄 정도의 문제점으로 인식되지 않는 항목이 되었습니다. 왜일까요?

첫째로, 스마트폰 사용으로 누릴 수 있는 가치가 충전을 위한 불편함을 능가합니다. 스마트폰을 사용함으로써 누릴 수 있는 기능과 다양한 애플리케이션의 활용은 충전하기 위해 감수해야 하는 불편을 상쇄할 정도로 의미 있게 우리 생활 속에 자리 잡았습니다. 스마트폰을 이용해 손 안에서 금융 서비스를 이용하거나, 영상을 시청하며 느끼는 편리함과 즐거움 덕분에 우리는 스마트폰을 습관적으로 충전하는 수고를 기꺼이 감수합니다.

둘째로, 배터리 자체의 용량과 성능이 발전하면서 근본적인 문제가 많이 해소되었습니다. 어떤 애플리케이션을 구동하는가에 따라 다르겠지만, 이제는 장시간 게임을 하거나 비디오를 시청하지 않으면 이틀 정도는 충전 없이도 사용할 수 있습니다.

셋째로, 배터리 소진 시 충전할 수 있는 인프라가 스마트폰의 보급과 함께 빠르게 갖춰졌습니다. 한국의 경우 스마트폰 보급률이 95%에 이른다고 합니다. 늘어난 보급률만큼 충전기기의 대중적 보급률 또한 자연스럽게 높아졌습니다. 공공장소나 음식점 등에서 무료 충전과 무선 인터넷 서비스를 제공한 지도 오래되었죠.

전기차의 배터리 문제, 실체는?

이를 그대로 전기차에 대입시키면 어떨까요?

첫째로, 전기자동차의 '사용성'이 충전의 불편함에 비해 더 큰 가치를 지닙니다. 전기차는 무엇보다도 내연기관 차에 비해 퍼포먼스가 압도적입니다. 차가 내는 힘을 효과적으로 바퀴와 지면에 전달할 수 있어 가속과 컨트롤 면에서의 우위를 자랑합니다.

자동차의 효율을 따질 때 일반적으로 사용하는 MPG(내연기관 차의 효율을 나타내는 단위로 가솔린 1갤런으로 주행할 수 있는 거리를 마일로 표시)를 전기차용으로 환산한 MPGe(전기차 효율을 나타내는 단위로 가솔린 1갤런의 비용으로 주행할 수 있는 거리를 마일로 표시)를 기준으로 보면 현대의 아이오닉이 1갤런에 무려 136마일을 갈 수 있는 것으로 나타납니다. 내연기관 차량이 평균적으로 1갤런에 30~40마일 정도를 가는 것과 비교하면 에너지 효율 측면에서도 현격한 차이가 납니다. 탄소 배출 걱정도 상대적으로 적은 만큼 전기차를 사용하면서 얻을 수 있는 공익적 가치도 있습니다.

둘째로, 테슬라의 롱 레인지(장거리) 배터리 옵션의 경우, 완전 충전 시 300마일(약 480킬로미터) 이상 주행이 가능합니다. 서울과 부산의 거리인 325킬로미터를 한 번에 왕복하기는 어렵지만, 편도로는 가고도 남는 거리입니다. 테슬라의 급속 충전기인 슈퍼차저를 사용하면 왕복 여행 중 20~30분 정도만 충전에 소요하면 어렵지 않게 서울-부산 구간을 왕복할 수 있습니다.

셋째로, 전기차 소유자 대부분이 외부에 있는 충전소보다는 자택에서 차를 충전하는 경우가 많습니다. 스마트폰을 충전하며 잠자리에 들듯이, 일과를 마치고 자택에서 차량을 충전하는 것이죠. 개인적인 경험에 비추어봤을 때도 장거리 운행을 하지 않는다면 한 번 충전으로 5~6일 정도는 부담 없이 타고 다닐 수 있습니다.

한국은 전기차의 보급률이 낮아 간이 충전소가 아직 충분하지 않지만, 공동 주택 위주인 거주환경에 맞춰 주차장에 완

미국 시내에서는 전기차 배터리 충전 시설을 쉽게 볼 수 있습니다.
이제는 급속 충전 서비스도 점점 흔해지는 추세이고요.

속 충전기를 설치하는 아파트들이 늘고 있습니다. 충전 인프라는 날이 갈수록 증가할 전망입니다. 미 에너지국(Alternative Fuels Data Center)에 따르면 2020년 현재 21,000개가 넘는 공공 전기차 충전소가 있고, 충전기는 68,800여 대에 이릅니다. 이 수는 매년 계속해서 폭발적으로 늘어날 전망입니다. 게다가 새롭게 설치되는 충전기는 완전 충전까지 대략 30~40분 정도 걸리는 급속 충전기여서 장거리 이동 중 충전의 부담을 대폭 감소시켜 줄 것입니다.

전기차에서 미래의 스마트카를 보다

그러나 전기차의 진정한 가치는 그것의 스마트함에 있습니다.

'전기자동차'라는 말은 철 지난 이름일지 모릅니다. 마치 스마트폰을 '무선 전화기'로 부르는 것처럼요. 스마트폰을 무선 기기라고 하는 것은 틀린 말은 아닙니다. 하지만 모든 무선 기기가 스마트한 것은 아니죠. 전기자동차라는 표현도 전기를 동력으로 달리기 때문에 틀린 말은 아니지만, 우리가 현재 그리고 앞으로 만나게 될 전기자동차들은 사실상 바퀴가 달린 '스마트 디바이스'들입니다. 달리는 머신에서 생각하는 머신으로 프레임이 전환되는 것이죠.

전기차의 어떤 스마트한 측면들이 기존 내연기관 차량에서는 느끼기 어려웠던 경험을 제시해 주는 것일까요? 전기차는 스마트하게 진화합니다. 스마트폰처럼 굳이 하드웨어를 바꾸지 않더라도 소프트웨어 업그레이드만으로도 많은 추가 혜택을 얻을 수 있습니다. 스마트폰에서 앱을 다운받아 여러 필요한 기능을 확장해 나가듯, 하드웨어의 추가 구매 없이 클라우드로 연결된 서버를 통해 많은 기능과 애플리케이션을 다운받아 사용할 수 있습니다. 그런 면에서 앞으로 다양한 기능과 서비스를 제공할 차량용 앱 스토어는 더 활성화될 것으로 예상됩니다.

우리가 스마트폰 배경 화면을 바꾸듯 차량의 대시보드의 스킨을 바꾸고, 내비게이션에서 보이는 주변의 모습을 원하는 그래픽으로 바꿀 수 있습니다. 또한, 침입자를 대비한 경계 모드의 설정 혹은 애견이 혼자 차에서 기다리고 있을 때를 위한 애견 정차 모드와 같은 새로운 사용자 경험도 소프트웨어 업데이트만으로 가능합니다.

이에 반해 내연기관 차량의 대시보드나 스크린은 비교

적 복잡하고 진부한 스타일을 고수하는 경우가 많습니다. 새로운 모델이 나오고, 외관이 매년 업그레이드되어도 디스플레이나 운영체제 등은 쉽게 개선되지 않습니다. 기존의 생산 설비를 개선해야 하기에 쉽지 않죠.

전기차가 견인하는 자율주행의 꿈

전기차의 스마트함은 자율주행을 가능하게 합니다. 전기차는 커다란 엔진과 연료 탱크와 많은 부품으로 인해 차량 내부가 이미 가득 찬 내연기관 차량보다 부품 수가 40~50% 적습니다. 대신 이 공간에 성능 좋은 컴퓨터와 다양한 센서가 들어서 있습니다. 인터넷 연결 기능을 갖추고 있어서 이를 활용해 도로 위의 데이터를 끊임없이 모으고 수집된 정보를 인공지능을 통해 분석해 모델링해가며 더 나은 자율주행 기술을 만드는 데 활용합니다. 이를 통해 더 발전된 자율주행 기술과 도로 정보 등을 지속적으로 업데이트해 스마트하게 차량을 발전시킵니다.

테슬라 모델3 사용자로서 가장 잘 사용하고 있는 기능

이 '오토 파일럿 모드'입니다. 물론 많은 변수가 존재하는 도심에서의 오토 파일럿은 여전히 무리가 있지만 고속도로나 간선도로 등에서는 운전자의 감시와 약간의 조종 하에 큰 걱정 없이 사용할 수 있는 수준입니다. 그리고 현재 기본으로 탑재된 레벨 2 수준의 자율주행은 어느 정도 금액을 지불하면 추가 하드웨어 설치 없이 소프트웨어 업데이트만으로 레벨 3 자율주행으로 업그레이드가 가능합니다.

자율주행은 크게 6단계로 구분됩니다. 레벨 0은 자율주행 기능이 없는 단계입니다. 레벨 1은 차량 방향 조종 혹은 가속을 조종하는 정도에서 자율주행을 돕는 수준입니다. 다만 두 가지 기능을 동시에 수행하지는 못하죠. 레벨 2는 차량 방향 조종, 가속 및 감속을 동시에 진행할 수 있는 단계입니다. 레벨 2의 기능들을 얼마나 정확하고 안정감 있게 구현하는지에 따라 레벨 2와 레벨 3으로 나뉩니다. 막히는 도심 속에서 운전자의 조작 없이 안정감 있게 자율주행이 가능하다면 레벨 3이라고 볼 수 있습니다.

레벨 4부터는 운전자의 개입이 필수가 아닌 선택이 됩니다. 기술적으로 어떠한 상황에도 크게 문제가 없을 정도로 안전하나, 만약의 사태를 대비해 관리자가 필요한 수준입니다. 마지막

일론머스크와 그가 만든 전기자동차 회사 테슬라는
'진척 없는 지루한 이야기'였던 전기차 논란을 테크 업계에서
가장 뜨거운 이야깃거리로 만들었습니다.

으로 레벨 5는 자동차에 운전에 필요한 제동 장치조차 필요 없는 완벽한 자율주행 단계입니다.

자동차 회사마다 지금까지 구현한 자율주행의 구동 방식과 완성도는 차이가 있습니다. 하지만 자율주행이 이미 상용화에 진입한 기술임에는 틀림이 없습니다. 구글 알파벳의 '웨이모(Waymo)'의 경우 얼마 전 레벨 4 수준의 택시 서비스를 공개했고, 글로벌 배송업체인 UPS는 미국 애리조나 주에서 '투심플(TuSimple)'이라는 트럭 자율주행 스타트업의 트럭을 이용한 화물 배송 상용화를 추진하고 있습니다. 이들의 목표는 최대한 빠른 시일 안에 레벨 4로 진입해 물류 유통의 자동화를 이루는 것입니다.

달리는 동안 충전되는 배터리?

전기차의 충전도 스마트하게 바뀝니다. 전기차 소비자가 가장 우려하는 부분은 충전의 불편함입니다. 현재로서는 부정할 수 없는 부분이지만, 장기적으로 보면 내연기관 차량보다 더 효과적인 방법으로 개선할 수 있는 여지가 있습니다. 충전소에 멈추지 않고도 배터리를 충전할 수 있는 다양한 방식이 개발되고 있기 때문입니다.

태양광 충전 패널을 전기차 차량 지붕에 설치하는 방식은 이미 상용화 단계에 있습니다. 현대 자동차는 얼마 전 태양광 충전 패널이 설치된 신차 '하이브리드 소나타(The Hybrid Sonata)'를 선보였는데, 이 태양광 패널 충전 시스템으로 연간 최대 808마일(1300킬로미터)을 운행할 수 있다고 설명합니다.

차량이 도로 위를 달리기만 해도 충전되는 시스템도 있습니다. 스웨덴은 스톡홀름 알란다(Arlanda) 공항 인근에 1.2마일의 자동 충전 도로를 설치했습니다. 길 위를 달릴 때 차량 하부와 도로 사이에 충전 기기를 연결해 충전하는 방식입니다. 이러한 전기 충전 도로는 스마트폰 무선 충전기처럼 차량이 도로 위를 달리기만 해도 무선으로 충전이 되는 방식으로 발전할 것입니다. 또 충전소에서 충전을 위해 기다리는 시간을 줄이기 위해 전기 케이블을 연결해 충전하는 방식 대신에 완전히 충전된 배터리를 헌 배터리와 통째로 갈아 끼우는 방식도 고안되고 있습니다.

현재의 내연기관차가 5, 6년 안에 지구상에서 완벽히 사라지지는 않을 것입니다. 하지만 분명한 것은 전기차는 내연기관차에 비해 많은 장점이 있으며 다양한 방향으로 끊임없이 진화할 수 있는 잠재력이 있다는 점입니다. 그런 의미에서 보면 이미 패러다임은 석유를 사용하는 내연기관 차량에서 전기를 사용하는 차량 형태로 넘어온 상태입니다.

앞으로는 구동 방식에 기인해 '전기차'라 부르기보다는, '스마트 자동차'로 불러야 하지 않을까 합니다. 현재 전기차로 불리는 자동차의 진정한 가치는 스마트함에 있기 때문입니다.

모빌리티의
디지털 트랜스포메이션 2.

구간별 모빌리티 혁명

'모빌리티 혁명'이라고 하면 대부분 자동차의 변화를 떠올립니다. 그러나 사실 모빌리티 혁명이란 모든 종류의 이동 수단 즉, '탈것의 혁명'을 의미합니다. A지점에서 B지점까지 이동하는 방식과 경험이 변화하는 것이죠. 그래서 모빌리티의 혁명을 단거리, 중거리, 장거리, 초장거리 이렇게 구간별로 나누어 살펴보겠습니다.

시장 장악을 노리는 단거리 모빌리티 혁명

단거리는 스타트업 씬에서 주목받는 업체들이 각축전을 벌이는 뜨거운 시장입니다.

단거리 이동 수단 시장의 대표 업체인 '라임(Lime)'과 '버드(Bird)'의 전동 킥보드 사용자 1회 평균 운행 거리는 1.6마일(2.57킬로미터)이라고 합니다. 이를 근거로 단거리 모빌리티는 대략 포인트 A에서 B까지 1~3킬로미터 사이의 거리를 공략하는 시장이라 볼 수 있습니다. 물론 자전거 혹은 전기 자전거를 사용할 경우 사용자의 이동 거리는 더 늘어납니다. 하지만 자전거 평균 탑승 시간도 7~8분 대에 그치는 것을 보면, 단거리 모빌리티 플랫폼을 활용해 10킬로미터 이상 중거리 이동을 하는 경우는 많지 않아 보입니다.

집 앞에서 버스 정류장까지 이동, 같은 동네의 안에서의 이동, 바로 옆 동네 이동 정도가 단거리 모빌리티 사용자들의 주목적입니다. 이 목적을 충족시키고자, 인구 밀집형 도시에 다수의 탈것을 배치해 사람들의 이동을 돕는 것이 단거리 모빌리티 플랫폼들의 미션이고요. 이들의 목표는 단기적인 수익성을 내는 것이 아닌, 시장 전체의 주도권을 장악하는 것입니다.

하늘을 날으는 택시, 지하를 관통하는 셔틀버스. 혁신적인 아이디어로 새로운 세상을 여는 중거리 모빌리티 혁명

중거리 이동은 한 도시 내에서 이동을 목표로 합니다. 도시의 규모에 따라 장거리로 분류될 수도 있겠지만, 일반적으로 한 도시 안에서 동네와 동네 간 연결이 중거리 모빌리티의 목표입니다.

일반적으로 단기간에 급성장한 도시의 경우 교통체증, 주차문제 등 여러 가지 교통문제를 겪습니다. 기존 도로망에는 한계가 있는데 자가용 수가 폭발적으로 늘어나면서 생기는 현상이죠. 이 문제를 해결하기 위해 나타난 것이 바로 '차량 공유 플랫폼'입니다. 대표적인 업체로는 우버(Uber)나 리프트(Lyft) 그리고 한국의 카카오 택시(Kakao Taxi)나 쏘카(SoCar) 같은 기업이 있습니다. 기존 차량을 공유하여, 차량의 수는 늘리지 않으면서 필요할 때 자동차를 사용할 수 있게 빈 차와 탑승자를 연결하는 온디맨드(On-demand)식 중개 서비스죠.

중거리 모빌리티는 단거리 모빌리티, 장거리 모빌리티와 자연스럽게 연계됩니다. 우버와 라임의 전략적 사업 파트너십이 좋은 예입니다. 차량의 접근성이 좋지 않은 곳에서 단거리 이동 수단을 이용해 중거리 이동 수단을 탈 수 있는 지점까지 연계하는 거죠. 중거리 이동 수단을 타고 장거리 이동 수단인 기차역이나 공항으로 연계하는 식입니다. 교통수단을 이용할 때 단거리-중거리-장거리 각각 다른 서비스를 통할 필요 없이, 하나의 플랫폼에서 해결할 수 있다면 어떨까요? 이 모든 것을 연계하면 완성형 서비스 매칭이 될 것입니다.

중거리 이동을 다른 관점에서 접근하는 사례도 나오고 있습니다. 테슬라의 창업자 일론머스크의 회사로 유명한 '더 보링 컴퍼니(The Boring Company)'는 교통 체증이 심한 대도시에 지하 터널을 뚫어, 차량을 빠르게 이동시킨다는 계획을 가지고 있습니다. 도로망의 개념을 2차원적인 평면에서 다차원으로 확장해 문제를 해결하는 것이죠.

하늘을 나는 자동차 혹은 드론이 중거리 이동 수단의 혁명이 될 것이라 말하는 이들도 있습니다. 그러나 여기에는 조금 복잡한 문제가 있습니다. 사람이나 물건을 드론을 통해 이동시키는 것은 기술적으로 어려운 문제가 아닙니다. 이미 몇몇 나라에서는 시범적으로 드론으로 사람을 이동시킨 사례가 있으니까요. 그런데 하늘을 나는 이동 수단을 일상적으로 이용하려면 3차원 항로와 안전 법규, 보험 등 제도적인 문제를 먼저 해결해야 합니다. 2차원의 공간에서도 아직 풀지 못한 숙제가 3차원으로 옮겨지면 더 큰 문제를 야기할 수 있기에, 하늘을 나는 중거리 이동 방식은 당분간 제한적 사용만 허가될 것입니다. 그런 면에서 하늘보다는 땅속으로 차원을 옮겨와 최대한 변수를 제한시킨 더 보링 컴퍼니의 접근이 더 현실적일 수 있으나, 여전히 접근성과 확장성의 문제는 풀어야 할 숙제입니다.

중거리 모빌리티의 혁신은 스마트 전기자동차의 보급과 확대로 가속화될 것입니다. 현재 대중적으로 상용화된 레벨 2 수준의 자율주행 기술(운전자의 감독하에 제한적으로 적용되는 자동 운전)은 빠르게 레벨 3, 4(운전자의 감독하에 상대적으로 안전하게 자동 운전) 수준으로 진화할 것입니다. 내가 직접 운전하지 않아도 편하고 안전하게 목적지까지 도달할 수 있는 것입니다. 그리고 차를 소유하지 않고, 구독하는 서비스로 바뀌면서 지불하는 돈에 따라 차등적인 퀄리티로 이동하게 될 것입니다. 비싼 서비스를 사용하는 사람일수록, 더 빠르고 쾌적하게 이동할 수 있는 것이죠.

차를 소유하지 않는 사람들이 늘면 교통체증, 주차문제

를 어느 정도 해결할 수 있습니다. 또 지금처럼 도심에 많은 주차 공간을 둘 필요가 없어지므로, 그 공간을 좀 더 유의미하게 사용할 수 있을 것입니다.

근본적인 혁신이 필요한 시점, 장거리 모빌리티 혁명

장거리 이동은 도시와 도시, 나라와 나라 사이를 잇습니다. 세계 항공 산업은 80, 90년대 경제 호황과 닷컴 버블 등에 힘입어 급성장하다가, 2000년대 들어 주춤하는 모습을 보였지만, 코로나19 사태 이전까지 전 세계 관광 산업의 발전으로 호황을 누렸습니다. 세계여행관광협회(World Travel and Tourism Council)에 따르면 관광산업은 2018년에만 3.9%의 성장을 보일 정도로 나쁘지 않았습니다. 산업의 규모가 커지면서 경쟁에도 치열해졌습니다. 항공사들은 새로운 기종의 항공기를 들이고, 사용자에게 더 나은 경험을 선사하기 위해 기내용 엔터테인먼트 플랫폼을 새롭게 교체하는 등의 노력을 기울였죠. 이같은 경쟁은 운임 요금 조정, 서비스 품질 상향 등을 가져올 것이고, 결국에는 맞춤형 서비스까지 나타날 것입니다.

사용자가 편리한 장소와 시간을 선택해 항공기를 이용할 수 있는 '프라이빗 제트기' 이용 수요가 늘어나는 현상도 같은 맥락에서 이해할 수 있습니다. 이런 온디맨드형 장거리 이동 서비스도 이제는 디지털 플랫폼을 통해 쉽게 중개가 이루어지고 있습니다. 그래서 단거리와 중거리 이동을 중점적으로 중개해 온 우버 같은 회사도 눈독을 들이고 있죠.

그럼에도 우리는 여전히 한국에서 미국까지 10시간 넘게 비행기를 타야 하는 현실에 살고 있습니다. 10년 전 운행 시간과 비교해 보아도 크게 다르지 않은 수치입니다. 1976년 문을 열어 지난 2003년 취항을 종료한 콩코드 사의 비행기가 마하 2의 속력으로 운행했던 것을 떠올리면, 항공사들의 운행 시간 단축을 위한 기술의 개발과 적용은 아직 갈 길이 멀다는 생각이 듭니다.

일론머스크의 '스페이스X(SpaceX)'는 뉴욕에서 상하이까지 40분 만에 도달하는 장거리 모빌리티를 개발 중이며 운임 또한, 일반 항공사의 비즈니스나 일등석에 비해 크게 비싸지 않을 것이라 밝혔습니다. 탁월한 기술력을 가진 회사들이 장거리 모빌리티 시장에 적극적으로 진출한다면 기존의 항공사들은 근본적으로 서비스 개선을 고민해야 하지 않을까요? 어쩌면 코로나19 때보다 더 큰 어려움이 곧 닥칠 수 있습니다.

SF영화가 현실로?
인류의 꿈을 향해 나아가는 초장거리 모빌리티 혁명

초장거리 이동은 행성과 행성을 잇습니다. 초장거리 모빌리티는 물론 지금 당장 상용화되기는 어렵습니다. 하지만 멀지 않은 미래에 현실이 될 것입니다.

일론머스크의 스페이스X와 아마존 창업자 제프 베조스의 '블루 오리진(Blue Origin)', 그리고 버진 그룹 창업자 리처드 브랜슨의 '버진 갤랙틱(Virgin Galactic)'까지 상업용 우주여행 사업에 적극적으로 도전하고 있습니다. 특히 스페이스X는 2023년 '디어 문 프로젝트(Dear Moon Project)'를 통해 아티스트를 우주선에 태워 달 궤도를 여행하고, 이 경험에서 영감 받은 작품을 발표하겠다는 계획을 가지고 있습니다. 이 프로젝트는 상업용 우주여행의 시발점이 될 것이라 봅니다.

초장거리 이동의 경우 상업용 접근을 넘어, 인류의 태양계 행성 식민지화 계획과도 밀접한 연관이 있습니다. 미 항공우주국 나사(NASA)는 이미 2015년에 화성 식민지 계획을 공식적으로 발표했죠. 그들은 끊임없이 달과 화성에 장비와 인류를 보내 탐사하며 자료를 수집합니다. 지구와 근접한 행성을 인류의 새로운 식량 기지 혹은 거주지로 만들려는 계획입니다. 이를 이루기 위해 천문학적 자본을 들여 초장거리 이동 수단의 혁명을 이루고자 하는 것입니다.

인류는 다양한 구간에 걸쳐 모빌리티의 혁명을 이루려 노력하고 있습니다. 먼 미래 이야기처럼 들릴 수 있는 화성 식민지 계획조차 우리에게 생각보다 가깝게 다가와 있습니다. 다가오는 초연결 시대의 모빌리티 경쟁에서 대한항공은 우버와, 라임 바이크는 테슬라와 경쟁할지도 모릅니다.

모빌리티를 큰 틀에서 바라보고 접근해야 합니다. 한정된 거리, 구간 혹은 한정된 종류의 이동 수단으로만 모빌리티를 보면 전체적인 맥락을 놓칠 수 있기 때문입니다. 모든 구간의 모빌리티 혁명을 하나의 연결 선상에서 바라보는 관점이 필요합니다.

재택근무와 사람 중심의 근무 환경

미국에서 코로나19 관련 사망자가 가장 먼저 나오기 시작한 시애틀은 마이크로소프트와 아마존 같은 IT기업부터 보잉 같은 제조업까지 미국 산업의 중심을 이루는 대기업 본사가 밀집한 지역입니다. 2020년 2월 말부터 시애틀 소재 기업들에서도 코로나19 감염자가 나타났습니다. 집단 감염이 나타나고, 여러 지역에서 산발적으로 사망자가 나오기 시작한 3월 초 IT기업들은 미국 내 전 사원에게 재택근무를 신속하게 지시했죠.

저 역시 디자인 매니저로 팀을 관리하고 있는 상황이기에, 15명 팀원 모두에게 2월 말부터 재택근무 가이드를 주었습니다. 개인 일정으로 2020년 1월 말에서 2월 초에 한국에 머무는 동안, 이 바이러스가 얼마나 빨리 확산되는지 목격했기 때문이죠.

2020년, 재택근무의 장면들

마이크로소프트와 같이 많은 인원이 근무하는 회사의 경우 재택근무가 최대 1년까지 연장될 가능성이 있는 만큼, 효과적인 업무 시스템을 확보하는 것이 중요했습니다. 다행히 마이크로소프트를 비롯한 많은 IT회사들은 탄력근무와 근무지 선택 문화를 구축해 놓은 상태였죠.

직원들에게 기본적으로 지급되는 컴퓨터도 데스크탑이 아닌 랩탑이어서, 인터넷이 있다면 어디서든 일할 수 있고 다국적 기업의 특성상 근무시간은 직무와 부서에 따라 다양했기에, 재택근무에 대한 우려가 상대적으로 적었습니다.

기업의 재택근무가 늘어나면서 커뮤니케이션 플랫폼에 많은 개인과 회사가 의존하고 있습니다. '팀즈(Teams)'같은 커뮤니케이션 툴의 월간 순수 이용자의 수는 기하급수적으로 늘어났죠. 업무용 커뮤니케이션 툴은 워드(Word)나 파워포인트

(PowerPoint)를 굳이 따로 열지 않아도 실시간 작업 및 협업이 가능하여 활용도가 매우 좋습니다.

클라우드 기술을 기본으로 하는 피그마(Figma)라는 디자인 툴은 여러 회사가 협업할 때 동시에 작업하고, 서로 코멘트를 할 수 있습니다. 그리고 버전 컨트롤 등의 기능을 통해 많은 디자이너가 효과적으로 디자인 시스템을 사용할 수 있죠. 마이크로소프트처럼 수천 명의 디자이너가 일하는 큰 조직은 디자인 시스템(Design System)의 상시 접속자가 적게는 수십 명 많게는 수백 명에 이르기에 이런 기능은 꼭 필요합니다.

온라인 중심의 재택근무에는 여러 난관이 존재합니다. 가장 힘든 점은 육아와 병행입니다. 현재 뉴욕과 워싱턴 그리고 캘리포니아주 같이 코로나19 문제가 심각한 몇몇 주들은 학교와 사설 교육 시설, 영아를 돌봐주는 어린이집이 모두 문을 닫은 상태입니다. 맞벌이 부부의 경우 시간대를 나누어가며 육아와 회사일을 병행하는데, 이 또한 쉽지 않죠. 절대적 업무 시간이 줄어들 뿐 아니라, 육아로 인해 집중도도 많이 떨어지기 때문입니다.

게다가 아이들을 위한 온라인 교육 서비스도 아직 이 문제를 해결할 완벽한 대안으로까지 부상하지는 못한 상태입니다. 그래서 탄력적으로 육아를 위한 휴가를 제공하거나, 원래 예상했던 작업량과 타임라인에 못 미치더라도 어느 정도 서로 이해하도록 팀원들을 독려합니다. 지금 상황을 한시적 위기로 규정하고, 직원들의 복지와 안전 그리고 삶이 유지되는 것이 우선이라는 조직 차원의 지침이 내려오기 때문이죠.

새로운 업무 환경에 적응하기 위한 노력

재택근무는 동료 및 상사들에게 간섭받을 확률이 줄어들어 업무의 효율성이 높아지는 장점이 있지만, 기본적으로 사람 간의 커뮤니케이션에 제한이 생기는 단점도 있습니다. 인간은 소리뿐 아니라 행동, 얼굴 표정과 같이 다양한 방법으로 본인의 의사를 전달합니다. 의사 전달 수단이 제한되면 불필요한 오해를 살 수 있고 그 오해를 온라인을 통해 풀기란 더 어려울 수 있습니다.

1:1 커뮤니케이션이 아닌 다자간 커뮤니케이션은 익숙해지는 데 시간이 오래 걸릴 수 있을뿐더러, 내성적인 사람들의 발언 빈도가 줄어드는 문제가 발생할 수 있습니다. 의견이 강한

소수만 계속해서 이야기를 주도하고 다른 이들은 그것에 익숙해지는 패턴도 생길 수 있습니다. 이를 극복하기 위해 불필요한 그룹 미팅의 수는 줄이는 대신 팀원들과의 추가적인 짧은 1:1 미팅을 통해 어떤 부분을 개인이 개선할 수 있고, 팀 차원에서 도와줄 수 있는지를 파악합니다. 마이크로소프트는 팀 리더들에 대한 회사 차원의 교육과 가이드 지침이 자주 내려오는 편입니다.

일하는 환경은 앞으로 어떻게 바뀔까요?

재택근무가 좋은지 사무실 혹은 현장근무가 좋은지 비교해 우위를 정하는 것은 의미가 없습니다. 중요한 것은 업무를 하는 사람이지 장소가 아니기 때문입니다.

앞으로의 업무 환경은 구성원 개인이 목표한 바를 어디에서건 최대한 이룰 수 있도록 돕는 것이 관건이 될 것입니다. 커뮤니케이션 툴은 지금보다 더 발전해 메시징과 음성, 비디오 채널을 활용하는 수준에서 벗어나, 가상·증강현실, 웨어러블 디바이스 그리고 5G 기술을 통해 언제든지 가상의 공간에서 만나 실제 커뮤니케이션에 버금가는 소통의 장을 만들어 줄 것입니다. 이를 통해 비대면 상황에서도 사람들이 함께 일하는 동료와 시너지를 낼 수 있는 조건이 만들어질 것입니다.

가상·증강현실 기술을 활용한 업무 협업 툴을 만드는 '스페이셜(Spatial)'이라는 스타트업은 3D 아바타 형태로 실제 혹은 가상의 공간에 함께 동료들과 들어가 협업할 수 있는 서비스를 제공합니다. 이를 통해 장소와 시간의 제약에서 벗어나 더욱 효과적인 업무환경을 여는 새로운 접근법을 제시하고 있습니다.

한편, 사무직이 아닌 사람들도 장소의 제한을 받지 않고 근무할 수 있어야 합니다. 예를 들어 소방 인력의 경우 직접 불에 뛰어들지 않고, 자율비행 드론에 타깃 지역을 설정해 화재 진화 작업을 할 수 있습니다. 전염력 강한 질병을 다루는 의료진도 로봇 혹은 원격의료를 통해 환자를 치료할 수 있습니다. 환자가 병원에 입원해 치료받지 않고 필요한 의약품을 집에서 배달받아 자가 치료하는 방식도 좀 더 보편적으로 사용될 것입니다. 레스토랑 직원 같은 서비스업도 근거리 무선통신(NFC) 기술을 활용해 고객과의 직접 접촉을 감소시키는 방식으로 전염병 감염 위험을 낮출 수 있을 것입니다. 이런 어려운 상황에서는 회사가 어떤 디

지털 방향성을 세우는지에 따라 장기적 명암이 갈릴 것이라 생각합니다

제가 사는 시애틀 다운타운 지역 주민들은 매일 저녁 8시면 창문 밖으로 3분간 환호성을 지르는 이벤트를 합니다. 이 힘든 시기를 잘 버티자는 응원의 의미죠. 예전의 일상으로 돌아가고픈 사람들의 바람이 얼마나 큰지 느껴집니다. 하지만 전문가들은 더 강력한 바이러스가 인류를 위협할 수 있다고 경고합니다.

코로나19 사태를 기점으로 사람 간 접촉이 양적으로 줄어드는 시대로 진입할 것으로 보입니다. 그렇다고 해서 사람 간 소통의 질이 떨져서는 안 되겠죠. 디지털 기술을 이용해 더 발전된 커뮤니케이션 솔루션을 만들어, 질적으로 향상된 소통이 가능하도록 도와야 합니다.

미디어 시장을 향한
신 대항해 시대

세계적인 컨설팅 회사 PWC의 '글로벌 엔터테인먼트&미디어 전망 2019~2023 보고서'는 전 세계 엔터테인먼트와 미디어 시장이 2014년 1.7조 달러 규모에서 매년 4.2%씩 성장해 2023년까지 2.6조 달러 규모에 이를 것으로 예측했습니다. 이 중 디지털을 통한 수익은 2014년 40.7%에서 2023년 61.6%까지 오를 것으로 전망했습니다.

디즈니(Disney)나 컴캐스트(Comcast)같이 온라인 플랫폼으로의 진화에 어느 정도 성공한 전통의 미디어 강자들의 경우 2020년 상반기 성적표가 그다지 나쁘지는 않았습니다. 하지만 디지털 환경에 적응하지 못한 맥클라치 컴퍼니(McClatchy

Company: 미국 내 30개의 지역 언론사 소유, 퓰리쳐 상 50여 회 수상) 같은 많은 기존의 미디어 회사들은 부도 상황에 직면하기도 했죠.

맥클라치 컴퍼니의 CEO 크레이그 포먼(Craig Forman)은 지역 언론사의 존재가 커뮤니티에 가져오는 긍정적인 영향에 대해 강조해왔습니다. 하지만 그들의 주 수입원인 지역 광고 수입이 구글과 페이스북 등에 잠식당한 상황에서, 양질의 인력을 계속 고용하고 취재를 할 만한 재원을 마련하기 어려웠습니다. 디지털 트랜스포메이션에 뒤처진 낡은 온라인 시스템은 지금의 경영난을 만드는데 큰 역할을 했죠.

발빠르게 디지털 전환을 시도한 올드 미디어들

반면 뉴욕 타임즈(The NewYork Times)나 블룸버그(Bloomberg) 같은 언론사는 디지털 플랫폼으로 전환하는 데에 온 힘을 기울였습니다. 디지털에 최적화된 서체를 개발하고, 웹사이트를 재편했으며, 모바일 전용 앱을 개발해 언제 어디서든 본인들의 기사를 독자들이 접할 수 있게 했습니다. 디지털 서비스 초창기 구독료를 1달러로 유지해 많은 종이 신문 구독자를 온라인으로 불러들였습니다. 지금의 가격 정책도 콘텐츠의 질에 비하면 크게 비싼 편이 아니라는 것이 이용자들의 평가입니다.

뉴욕 타임즈는 콘텐츠를 더 효과적으로 전달하기 위해 다양한 디지털 옵션을 활용합니다. 신문사가 아니라 원래 디지털 미디어 회사였던 것처럼 높은 퀄리티의 영상 콘텐츠가 제공되기도 하고, 반응형 시각 그래프를 활용해 독자들이 어려운 기사를 쉽고 재밌게 이해할 수 있게 돕습니다. 이번 코로나19 사태의 심각성과 대응 상황을 설명하는 반응형 그래프가 수록된 기사는 전 세계 독자들에게 큰 호응을 얻었습니다. 이 외에도 머신 러닝을 통한 맞춤형 콘텐츠 추천, 유용한 기사 디지털 알람 서비스, 이메일 뉴스레터 서비스 등을 적극적으로 도입하여 디지털 세상을 가장 잘 이해하고 적용한 전통 미디어의 모습을 보여주고 있습니다.

다양한 미디어 경험을 제공하는 OTT 서비스

미국의 OTT(Over The Top: 인터넷을 통해 방송 프로그램 · 영화 · 교육 등의 동영상을 전달하는 서비스) 시장의 경우 2014년 120억 달러 규모에서 2023년 750억 달러 규모로 성장할 것으로 전망됩니다. 넷플릭스와 유튜브 같은 기업들의 지속적인 성장 덕분입니다.

2020년 상반기 기준 넷플릭스는 전 세계 1억 6,700만 명의 유료 회원이 있고, 유튜브는 전 세계 2억 명이 넘는 사용자(2,000만 명의 프리미엄 사용자)를 보유하고 있습니다. 2019년 한 해 동안 미국에서 2,200만 가정이 기존 TV 사업자의 수신을 해지한 것과 정반대의 모습입니다.

성공의 바탕에는 인공지능의 힘이 있습니다. 유튜브나 넷플릭스 같은 기업들은 단순히 디지털 기기를 통해 동영상을 송출하는 것이 아니라, 사용자의 시청 데이터, 검색 데이터, 그날의 트렌드, 접속 중인 지역의 특성 등을 머신러닝으로 분석해 최적의 콘텐츠를 다양한 방식으로 노출시킵니다. 해당 서비스에 접속했을 때 가장 먼저 노출되는 영상부터, 영상 후반에 나오는 추천 콘텐츠 그리고 키워드 검색 시 나오는 결과 노출 순서까지 모든 것이 개인 맞춤형으로 제작됩니다. 같은 플랫폼이라도 사용자에 따라 모두 다른 방식으로 콘텐츠를 즐기게 되는 것이죠. 게다가 더 많은 사용자를 지닌 플랫폼일수록 인공지능이 관찰할 수 있는 표

디지털 환경에 적응한 온라인 미디어들이
무서운 속도로 성장하고 있습니다.
몇몇 디지털 채널은 이미 텔레비전이나
종이 신문 이상의 힘을 발휘하고 있죠.

본 데이터가 많아지는 만큼, 성장과 독점의 속도는 비례하여 증가합니다.

OTT 서비스들이 자체 제작하는 오리지널 콘텐츠는 초기 단계부터 사용자의 데이터를 적극적으로 활용합니다. 정치 시즌이 다가오면 정치 관련 콘텐츠를 제작하는데, 사람들이 어떤 스토리 라인을 선호할지 또 주인공으로는 누가 좋을지 등을 데이터 분석을 바탕으로 결정합니다. 높은 시청률을 자랑했던 넷플릭스의 드라마 〈하우스 오브 카드(House of Card)〉가 좋은 예입니다. 이제는 시청자가 시청 중에 원하는 스토리 라인을 선택해가며 다양한 엔딩을 즐길 수 있는 '인터렉터블 콘텐츠'도 제작되고 있습니다.

개인이 매체가 되다

개인 방송 측면에서도 많은 변화가 이루어지고 있습니다. '누구나 본인 유튜브 채널 하나 정도 있지 않나요?'라는 말이 심심치 않게 들릴 정도로 개인 영상 콘텐츠를 만드는 사람의 수는 많아졌고 1인 미디어 시청자도 늘어났습니다.

전통 미디어들은 유튜브를 필두로 한 여러 동영상 기반 온라인 플랫폼에 자리를 내주고 있습니다. 특히 한국이나 미국 같이 트렌드에 민감하고, 콘텐츠 회전율이 빠른 사회일수록 이런 현상은 눈에 띄게 나타납니다. 유튜브가 2019년에 올린 매출은 한화로 18조 원 규모입니다. 한국 최고의 인터넷 기업인 네이버 매출의 3배에 달하죠. 유튜브를 필두로 한 구글의 매출 대부분이 광고라는 점을 보면 구글은 지구 최대의 광고 회사인 셈입니다.

진입 장벽이 낮아지면서 많은 개인 크리에이터들이 콘텐츠 시장에 진출하고 있습니다. 카메라와 함께 촬영에 필요한, 오디오 시스템, 조명 등도 사람들이 부담 없이 콘텐츠를 제작할 수 있을 정도로 경량화되고 가격이 낮아졌습니다. 물론 방송국과는 비교할 수 없는 수준이지만 1인 미디어 방송의 초점은 완벽성이 아닌, 현장감 있고 공감할 수 있는 콘텐츠를 빠르게 만드는 것이기에 시청자들은 약간의 불편함을 기꺼이 감수합니다.

촬영 후 편집도 크리에이터들에게 큰 장벽 중 하나였지만 영상 편집 프로그램의 기능이 간결해지고, 인공지능 기술이 도입되면서 앞으로는 대부분 자동화될 전망입니다. 인공지능 기술은 이미 문맥과 흐름을 고려해 최상의 편집 포인트를 제안하고,

외국어 번역과 자막 삽입 같은 어려운 과정도 많은 부분 해결해주고 있습니다. 기술적인 문제가 해결되면서 자본력과 노하우를 갖춘 미디어에 당당히 도전하는 1인 혹은 소규모 콘텐츠 크리에이터들이 여럿 등장했습니다. 이런 현상은 미디어 업계의 탈중앙화를 가속하는 촉매로 작용할 것입니다. 반짝이는 아이디어와 매력적인 스토리텔링으로 무장한 개인 미디어의 힘은 앞으로 더 강력해질 것입니다.

많은 올드미디어가 디지털화에 실패하면서 쇠락하고 있지만, 사용자 경험 중심으로 콘텐츠를 재편하고 이 시대에 맞는 서비스를 제공하는 뉴욕 타임즈, 워싱턴포스트 같은 회사의 가치는 오히려 상승하고 있습니다. 또, 방송 장비와 플랫폼의 대중화로 스토리텔링 능력만 있다면 개인도 방송국이 될 수 있는 시대입니다. 저는 지금을 영원한 강자, 한계를 극복하지 못하는 약자가 없는 시대, 셀 수 없이 많은 이들이 '디지털 미디어'라는 신대륙을 향해 대항해를 떠나는 시대라는 의미에서 '디지털 대항해 시대'라고 칭하고 싶습니다.

코로나19 이후의 스마트한 변화

'태풍이 강한 나무를 구분해 준다.'는 말이 있습니다. 뿌리가 약하거나 곁가지가 많은 나무는 거친 바람을 견디기 어렵기에, 태풍이 지나간 뒤에는 '진짜 강한 나무'만 살아남는 것입니다.

코로나19 위기는 정부, 기업, 민간의 모든 부분에 타격을 가했습니다. 그 어느 때보다 불확실성도 커졌죠. 통제할 수 없는 시대에 살아남기 위해 가장 필요한 것은 유연함과 민첩한 대응 능력입니다. 이번 위기를 무사히 넘긴다 해도 불확실성은 사라지지 않습니다. 언제든 2020년 같은 경제적, 사회적 위기가 닥칠 수 있습니다.

'코로나19로 인해 지구촌이라는 말을 비로소 실감했

다.'는 탄식도 들립니다. 이렇게 앞으로의 위기는 한 국가, 한 산업이 아니라 전 세계, 지구촌 산업 전반에 동시다발적으로 닥칠 것입니다. 이렇게 광범위하게 발생하는 리스크를 과거의 권위적인 중앙 집권형 조직이 처리할 수 있을까요?

관리 측면뿐 아니라 생산 측면에서도 마찬가지입니다. 공급과 배급망의 다각화가 이루어지지 않은 산업의 피해는 상상을 초월할 것입니다. 지난 수십 년 간 생산 경제를 지탱했던 사람 중심의 수직적 문화는 새 시대에 적응하기 위해 변화해야 합니다.

중앙에 집중된 권력을 분산할 때 효과적으로 위기에 대처할 수 있다

'디지털 트랜스포메이션'이라는 개념은 지난 몇 년간 미국을 비롯한 경제 선진국들의 큰 화두였습니다. 하지만 이 개념을 정확히 알고 사용하는 사람이나 조직들은 그리 많지 않아 보입니다. 단순히 웹사이트로, 모바일 앱으로 원하는 기능과 업무를 보는 것을 디지털 트랜스포메이션이라고 생각하는 이들도 많습니다.

이것은 디지털 솔루션과 디지털 트랜스포메이션을 혼동해 발생하는 현상입니다. 디지털 트랜스포메이션이란, '디지털의 힘으로 무언가를 바꾼다.'는 뜻인데, 여기서 중요한 것은 '무엇'입니다. 디지털적인 접근을 통해 '체질과 접근법'을 바꾸는 것이 디지털 트랜스포메이션입니다. 이를 잘 해내기 위해서는 매니지먼트와 엔지니어링, 그리고 디자인의 삼박자가 잘 맞아야 합니다. 이 세 가지의 측면을 모두 고려해 전략을 짜고 실행에 옮겨야 올바른 디지털적 처방을 내릴 수 있습니다.

코로나19 사태를 가장 먼저 예측한 회사가 있습니다. 캐나다의 인공지능 스타트업 '블루닷(BlueDot)'은 항공편, 인간의 질병, 동식물 질병 데이터 등을 분석해 미국 질병통제예방센터(CDC)보다 훨씬 앞선 2019년 12월 31일에 이미 코로나19가 전 세계적 전염병으로 확산될 가능성이 있다고 경고했습니다. 판단의 근거는 방대한 데이터였습니다. 세계 각국에서 내놓는 주요 지표를 꾸준히 모아 머신러닝을 통해 패턴을 분석했기에 정확도 높은 예측을 할 수 있었습니다.

의료용 인공지능 기술 개발 회사인 '제이비언(jvion)'은 넘쳐나는 환자에 비해 부족한 병상 문제를 인공지능이 가장 효과적으로 해결할 수 있고 이를 통해 더 심각한 환자에 대한 선제적 치료가 이루어질 수 있다고 말합니다. 인공지능 시스템은 증상에 대한 데이터를 모아 어떤 환자들에게 병상이 필요한지, 혹은 인공 호흡기가 필요할지를 결정하는 데 도움을 줍니다.

정부가 직접 인공지능 부서를 만들어 모든 예측을 도맡아 할 필요는 없습니다. 그러나 연구 기관이나 스타트업과 협업하여 더 정확한 결과를 낼 수 있도록 데이터베이스를 구축하고, 발전된 기술을 적극적으로 활용할 수 있는 환경을 구축하는 노력은 반드시 필요합니다.

하나의 거대한 기관이나 중요한 몇몇 사람이 일을 도맡아 하기보다 효과적인 데이터 수집과 분산 처리가 가능한 연계형 조직으로 체질을 개선해야 합니다. 코로나19 바이러스가 확산될 때 한국의 질병관리본부는 이동통신 회사와 카드회사의 응용 프로그램 인터페이스(API)와 연계해 감염자와 의심자들의 동선을 빠른 시간에 확보하고 점검하는 디지털 시스템을 구축했습니다. 디지털 솔루션 적용의 매우 좋은 예입니다. 이를 체계화해 빅데이터로 만들어 사건의 수습뿐 아니라 앞으로의 예측에도 적극적으로 활용해야 합니다.

인공지능을 활용해 위기에 적극적으로 대처하기

디지털 솔루션을 활용해 인간의 노동력에 대한 의존도를 대폭 낮출 수도 있습니다. 전 지구적 위기는 몇몇 국가, 몇몇 전문가의 힘으로 해결할 수 없습니다. 인간은 신이 아니지만, 신과 같이 무언가를 만들어내는 능력을 가지고 있습니다. 바로 지금 같은 상황에 가장 적극적으로 활용되어야 하는 도구가 인공지능입니다.

인공지능은 영화에 묘사되는 것처럼 전지전능한 존재는 아니지만 정해진 상황과 가이드라인이 존재한다면 우리가 원하는 바를 더 빠르고 효과적으로 얻게 해주는 가성비 좋은 도구입니다.

한국의 코로나19 대처는 대체로 성공적이었지만, 아쉬웠던 부분 중 하나가 1339 콜센터 이슈였습니다. 가파르게 상승한 문의로 인해 콜센터 인력 부족이 문제가 되었죠. 이를 개선하기 위해 비정규 인력을 대폭 확대하는 대책을 발표했습니다. 그런데 문제는 이 콜센터 전화로 얼마나 양질의 깊이 있는 정보를 얻을 수 있을 것이냐는 점입니다. 콜센터 직원들은 정해진 매뉴얼에 따라 사람들을 안내하는 선별대 역할입니다. 아무리 경험 많은 콜센터 직원이라 해도 결국엔 해당 분야의 전문가가 아니고, 갑자기 투입된 비정규 신규 인력의 경우 가이드 제시조차 쉽지 않을 수 있습니다. 전화 문의의 양은 사태가 진정될 때까지 인력을 계속 충원해도 역부족일 수밖에 없는 구조입니다. 또, 사태가 새로운 국면으로 진행될 경우, 이들의 재교육도 진행해야 합니다. 이러한 환경에서는 인공지능 응대가 더 효과적일 수 있습니다.

긴급한 상황일수록 대응 속도가 관건입니다. 속도를 높이기 위해서는 새로운 기술과 서비스를 처음부터 만드는 것보다, 이미 존재하는 IT 인프라를 활용하는 것이 더 현명합니다. 마이크로소프트나 구글 등 많은 IT회사들은 인공지능 어시스턴트 기술을 오랫동안 연구해왔습니다. 상황에 맞는 프로토콜과 가이드만 제공하면 인공지능 어시스턴트는 전화, 문자, 챗봇 등의 다양한 방식으로 빠르게 정보를 주고받을 수 있습니다. 각국의 정부와 기업이 이런 디지털적 접근을 적극 도입한다면, 초기 대응의 효율성을 대폭 높일 수 있을 것입니다.

시스템 구축을 넘어 유지와 보수까지 고려해야

코로나19 바이러스로 인해 우리는 비자발적 환경 변화를 맞게 되었습니다. 앞으로 여러 측면에서 온라인 플랫폼 사용이 크게 늘 것입니다. 지금의 인터넷망과 클라우드 서버는 앞으로의 트래픽 증가를 감당하기 어렵습니다. 80억 달러의 기업 가치를 인정받은 미국의 금융 유니콘 기업 '로빈후드(Robinhood)'는 역대 최악의 주식 낙폭을 기록한 2020년 3월 첫째주에 무려 이틀 동안이나 서버가 다운되는 상황이 발생했습니다. 여러 클라우드 베이스 협업 툴들에서도 비슷한 상황이 이어졌습니다. 온라인 트래픽의 상승은 곧 보안 문제로 이어지기 때문에 이 문제는 정부 부처와 기업에서 모두 진정성 있게 접근해야 합니다. 큰돈을 들여 전국에 도로망을 건설했다면 안전하게 관리하고, 보수하는 것이 필수인 것과 같은 이치입니다.

여러 가지 예측 불가능한 상황으로 인해 능동적이든 수동적이든 모두의 삶이 바뀌고 있습니다. 이런 시기에 조직과 사회가 어떤 방식으로 변화를 수용하느냐에 따라 미래의 결과는 큰 차이가 생길 것입니다.

디지털 트랜스포메이션은 앞서 말했듯 단순히 웹사이트를 만드는 것이 아니라 사람들의 삶에 긍정적인 변화를 끌어내거나 변화된 환경에 더 효과적으로 적응할 수 있도록 '체질과 접근법'을 바꾸는 것입니다. 지금과 같은 위기 상황에서 디지털 트랜스포메이션을 적절히 활용한다면 위기를 기회로 탈바꿈시킬 수 있지 않을까요?

여행업계의
위기와 기회

사회적 거리두기(Social Distancing)는 우리의 생활 패턴에 많은 변화를 가져왔습니다. 가장 흔한 인사법이었던 손 악수를 꺼리게 되었고, 공공장소에서 가벼운 기침조차 부담스럽습니다. 많은 사람이 즐겼던 해외여행은 언제 다시 떠날 수 있을지 모르는 상황입니다.

항공업, 호텔업 등 관광 비즈니스는 큰 위기를 맞았습니다. 이들 업계의 주가는 2020년 1분기에 전년 대비 80%까지 곤두박질쳤습니다. 보잉(Boeing) 같은 미국을 대표하는 기업조차 구제 금융의 도움 없이 살아나지 못할 수 있다는 암울한 이야기도 나옵니다. 에어비앤비(AirBnB)와 리프트(Lyft) 같은 기업은 전체 직원의 25%가량을 정리 해고했죠.

이번 코로나19 사태가 진정된 뒤에도 언제든 비슷한 일이 반복될 수 있다는 암울한 예측 탓에 관광업계는 한동안 침체에서 벗어나기 힘들어 보입니다. 이런 상황에서 관광업계가 해결해야 할 문제를 차분히 짚어보는 것도 의미가 있겠습니다.

포스트코로나 시대, 여행업계가 해결해야 할 3가지 문제

첫째는 거리의 문제입니다. 지금의 사회적 거리두기는 캠페인의 성격이 강합니다. 하지만, 배려와 양보는 주관적 기준이기 때문에 장기적으로 적용하기는 어렵습니다. 결국엔 제도화할 수 있는 객관적 매뉴얼이 만들어져야 한다는 뜻인데, 이 매뉴얼은 한시적인 사회적(Social) 거리두기를 반영구적인 물리적(Physical) 거리두기로 바꿀 것입니다.

둘째는 신뢰의 문제입니다. 여러 사람이 공유하는 시설이나 서비스를 이용할 때, 우리는 관리자가 이를 대중이 사용해도 좋을 만큼 잘 유지 보수한다는 믿음을 갖고 있습니다. 하지만 앞으로 대중들에게 믿음을 얻기 위해서는 지금보다 훨씬 높은 수준의 관리 감독이 이루어져야 합니다. 이에 대한 인증도 더 투명하게 이루어져야 합니다. 이 문제를 해결하지 못하는 시설과 서비스는 사용자들로부터 외면당할 것이고, 이런 부분을 관리 감독하게 될 정부의 역할도 대폭 강화될 것입니다.

마지막은 유지의 문제입니다. 더 많은 부분에서 관리 감독이 필요하기에, 사업체의 관리 비용은 크게 상승할 것입니다. 그리고 이는 결국 소비자에게 부담이 전가되는 악순환을 만들어낼 수 있습니다. 수요가 줄어드는 동시에 관리 비용이 상승하면 또 다시 많은 기업들이 버티기 어려운 상황에 처할 것입니다.

디지털적인 처방을 찾아보자

앞으로도 상당 기간 여행 산업의 양적 성장은 기대하기 어렵습니다. 닫혀 있는 국가 간 교역의 문이 열리는 데 시간이 걸리고, 민간 교류도 예전 수치를 회복하기까지는 시간이 필요할 것입니다. 위기에 봉착한 여행 관련 비즈니스들은 당면한 문제를 어떻게 슬기롭게 넘길 수 있을까요?

물리적 거리의 재편은 필수입니다. 앞으로 사람들은 식당, 극장, 비행기 기내 등 많은 사람이 몰리는 공간에서 불필요한 물리적 접촉을 경계하게 될 것입니다. 그런 만큼 좌석, 테이블, 통로 등의 거리가 개편되어야 합니다. 당장 수익을 올리기 위해 한정된 공간에 수용 인원을 늘리는 것은 고객에게 그 서비스를 사용하지 않을 빌미를 줄 뿐입니다. 씨티 그룹(Citi group)의 애널리스트 스테판 트렌트(Stephen Trent)는 비행사들이 이코노미 항공 좌석에서 중간 좌석을 없애는 것을 진지하게 고려해야 한다고 주장했습니다.

사람과의 직접적인 교류를 최소화할 수 있는 디지털 솔루션의 적용도 필요합니다. 식당이나 기내에서 음식, 서비스를 주문할 때 좌석에 설치된 디바이스 혹은 개인의 모바일 기기를 통한 무인 결제 시스템의 도입은 더욱 확대되고, 결제 방법도 현찰과 신용카드보다는 근거리 통신 기술과 QR코드 등을 통한 간편결제로 확대될 것입니다. 이를 위해 달러나 원화 등의 가치와 1:1 비율을 지닌 블록체인 기반의 가상화폐 사용도 늘어날 것입니다. 중국의 위안화 기반 가상화폐는 정부의 적극적인 지원을 바탕으로 지방 단위의 규모에서는 벌써 상용화 단계로 접어들었습니다.

이렇게 디지털 화폐가 물리적 거리 재편을 촉진할 전망입니다.

마지막으로 안전에 대한 신뢰 구축이 필요합니다. 브랜드는 수준 높은 경험을 통해 고객을 만족시키는 것을 넘어 신뢰할 수 있는 모습을 보여야 합니다. 고객들에게 단편적으로 임팩트를 주기 위해 노력하기보다, 장기적으로 일관된 모습을 고객들에게 보여야 합니다. 시설물의 안전성, 서비스의 위생을 의심하게 되는 순간, 사용자들은 발길을 끊을 것입니다. 안전한 사용을 보장하기 위해 빈틈없는 관리 프로세스가 만들어져야 하고, 지켜지지 않았을 때를 대비한 투명한 대응과 보상 방침도 마련해야 합니다.

특히 이러한 위생과 관련된 프로세스에서 디지털 트랜스포메이션은 위기를 기회로 바꿀 수 있는 좋은 지점입니다. 호텔의 경우 객실의 위생 상태를 데이터로 투명하게 보여줄 수 있습니다. 고객이 투숙하는 기간 동안 실시간으로 확인할 수 있는 시스템을 갖추면 더욱 좋겠죠. 객실 안 정리 상태를 볼 수 있는 동영상, 객실의 대기질과 수질 등의 실시간 체크, 간편한 소독 용품의 상시 배치와 필요시 추가 요청할 수 있는 통합 디지털 솔루션을 구축하면 불안감을 낮출 수 있을 것입니다.

위기를 현명하게 견디는 기업에게만 달콤한 열매가 주어진다

모든 비즈니스가 위기에 처한 지금이 오히려 '좋은 기업'을 판가름하는 시점일 수 있습니다. 소비자뿐 아니라 여행업에 종사하는 사람들 모두가 각 기업의 행보를 주시하고 있는 만큼, 지금의 방향 설정이 기업의 미래를 결정할 수 있습니다.

에어비앤비는 25%의 직원을 해고하면서, 최고 수준의 해고 패키지(일정 기간의 월급 지급 및 차후 일자리 연결 도움 등)를 제공했습니다. 에어비앤비의 CEO 브라이언 체스키(Brian Chesky)는 많은 직원을 떠나보내며 진심 어린 태도로 사과했습니다. 회사를 떠나는 직원들에게, 지금의 사태가 개개인의 잘못이 아니며 이 위기를 헤쳐나가기 위한 어쩔 수 없는 결정임이었음을 진솔하게 이야기했죠. 물론 이런 수준의 정리 해고 패키지는 업계의 선두 기업이기에 가능한 일입니다. 그러나 사업의 규모가 크고, 자금이 있다고 해서 모두가 같은 선택을 하지는 않습니다. 경영자의 장기적 안목은 그만큼 중요합니다.

"사람은 빵만으로 살 수 없다."고 예수는 말했습니다.

생존이 인간 삶의 전부는 아니며, 인간은 다양한 경험을 통해 자기만의 방향성을 찾으며 삶을 풍요롭게 영위한다는 의미일 것입니다. 이를 위해 우리는 여행을 다니고 맛있는 음식을 먹고, 책과 영화를 보는 등, 다양한 여가 활동을 합니다. 분명 코로나19 사태로 인해 많은 부분이 변화할 테지만, 우리 인간이 즐거움을 느끼고자 하는 본성은 변하지 않을 것입니다.

여행을 통한 경험은 온라인으로 완벽히 대체할 수 없습니다. 아무리 온라인 콘텐츠와 가상·증강현실 기술이 발달한다 해도, 실제 그 장소에 가서 경험하는 것을 능가할 수는 없죠. 관광업계가 어려워질 수는 있어도 사라지지는 않을 것입니다. 비즈니스 운영자들은 이 시기에 질적 성장을 통해 소비자가 느낄 수 있는 심리적 부담감을 완화할 장치를 마련해 두어야 합니다.

정부 역시 위기를 장기적 관점에서 바라봐야 합니다. 제도적 측면에서도, 안전과 관련된 공공의 기준이 보완될 수 있도록 정부 차원에서 지원해야 합니다. 단순히, 업장을 깨끗하게 관리하라는 지침을 내리거나 문제가 생겼으니 폐쇄하라는 명령을 내리는 한시적이고 실효성이 길지 않은 정책은 장기적인 측면에서 효과가 없습니다. 물리적 거리를 넓히고, 안전 프로세스를 개선할 수 있도록 예산을 편성해 지원하고, 그 예산이 관계 분야 개선에 쓰였는지 철저히 관리하고 감독해야 합니다.

중요한 것은 어두운 터널을 지나는 지금을 전화위복의 계기로 삼는 것입니다. 지금 잘 준비하는 기업만이 나중에 사람들이 다시 여행을 즐길 수 있을 때 폭발적인 성장을 이룰 수 있을 것입니다.

온라인 시대 영화관의 미래

"영화관은 관객이 스톱 버튼을 누를 수 없는 유일한 장소다. 이것이 영화관이 지닌 가장 큰 가치다." 영화 〈기생충〉으로 전 세계 평단의 호평을 받은 봉준호 감독의 말입니다. 그는 관객에게 감독의 의도를 최대한 잘 전달하기 위해 제한적인 환경이 필요하다고 말했습니다.

형태는 조금씩 바뀌었지만 극장은 오랜 시간 인류와 함께 해온 중요한 공간입니다. 많은 사람들이 재미있는 스토리에 몰입할 수 있는 공간으로서, 인간사의 희로애락에 얽힌 이야기를 함께 관람하고 공감하는 공간으로서 극장을 사랑합니다.

극장을 찾는 사람 수는 매년 줄어드는 추세지만 역설

적으로 극장 산업의 수익은 코로나 팬데믹 이전까지 증가 추세였습니다. 수익 구조의 다변화를 꾀하며 영화 상영 수입뿐 아니라 광고 수입, 먹거리와 부대 판매 수입을 늘려 매년 증가세를 유지했죠.

블록버스터도 꾸준히 나오고 있었습니다. 2019년 마블(Marvel)의 인기 시리즈 〈어벤져스:엔드게임(Avengers:Endgame)〉은 27억 9,700만 달러를 벌어들이며 역대 가장 많은 수익을 올린 영화로 기록되기도 했죠. 하지만 전 세계를 덮친 전염병으로 인해 사회적 거리두기가 강조된 이후 많은 극장들이 영업을 중단할 수밖에 없었습니다. 게다가 온라인 영상 플랫폼들이 공격적으로 영역을 확장하면서 극장의 자리는 더욱 위태로워졌습니다.

영화업계에 부는 새로운 바람 '온라인 개봉'

그동안 영화관과 온라인 영상 플랫폼 사이에는 일종의 신사협정이 존재했습니다. 극장에서 먼저 개봉한 뒤 3~4개월 정도 후에 온라인 콘텐츠 플랫폼에서 판매하는 것입니다. 그런데 최근에는 그런 암묵적인 룰이 깨지고 있습니다. 극장 개봉과 동시에 온라인 플랫폼에 작품을 판매하거나, 아예 극장에서 개봉하지 않고 온라인에만 작품을 공개하는 경우가 늘고 있죠.

많은 사람들의 우려와 달리 온라인 개봉 성적은 나쁘지 않습니다. 극장 개봉 준비를 마쳤으나 코로나 사태로 인해 온라인으로 선회한 유니버설 스튜디오의 〈트롤: 월드 투어(Trolls: World Tour)〉는 20달러라는 높은 스트리밍 비용에도 불구하고 온라인 개봉 3주 만에 1억 달러에 가까운 매출을 기록하는 기염을 토했습니다.

이런 성공 사례를 바탕으로 유니버설 스튜디오의 CEO 제프 셸(Jeff Shell)은 사회적 거리두기 이후에도 영화를 극장과 온라인 채널에 동시 개봉할 생각을 가지고 있다고 밝혀 극장 업계로부터 큰 반발을 사기도 했습니다. 게다가 최근 넷플릭스에서는 마틴 스콜세지 감독의 〈아이리시 맨(Irish Man)〉, 아카데미 상을 수상한 〈결혼 이야기(Marriage Story)〉, 프란시스 교황과 베네딕트 교황의 이야기를 다룬 〈두 교황(The Two Popes)〉까지 시청자의 눈과 귀를 사로잡은 걸작들이 쏟아져 나왔습니다. 동영상 콘텐츠 플랫폼 시장에 출사표를 던진 디즈니 플러스와 애플 티브이 플러스 또한 자체 제작 영화가 나온다면 자체 플랫폼에서만 상영하거나 영화관 개봉을 하더라도 자체 플랫폼과 동시에 할 것입니다.

영화관의 힘이 약해지고 있다

기존의 영화 제작, 배급 모델에 테크놀로지가 접목되면서 영화 시장의 메인 플랫폼인 영화관의 지배력은 약화되고 있습니다. 테크 중심의 온라인 플랫폼들은 클라우드 베이스 서비스여서 PC, 태블릿, 모바일 등 그 어느 형태로도 사용자가 원하는 콘텐츠를 빠르게 제공할 수 있습니다. 굳이 극장에 가지 않아도 내가 원하는 콘텐츠를, 손 안에서, 어디에서나 볼 수 있죠. 특히 아이들을 데리고 극장에 가는 수고에 비하면 스트리밍 비용은 전혀 부담스럽지 않을 것입니다. 그리고 내가 좋아할 만한 콘텐츠를 인공지능 기술을 통해 파악해 추천하기에 내가 원하는 콘텐츠를 수고롭게 찾을 필요도 적습니다. 영화 한 편, 드라마 한 편이 끝나도 추천해 주는 영상들을 계속해서 보다 보면 플랫폼에 빠져듭니다.

온라인 플랫폼 사업자가 잘 보여야 하는 업계는 영화

사회적 거리두기가 필수인 시대,
온라인 영상 플랫폼의 영향력이 더욱 강력해지는 시대에
극장은 어떻게 바뀔까요?

관 업계가 아닌, 기존의 성공한 영화 혹은 드라마 시리즈의 라이센스를 보유한 배급사, 혹은 방송국들입니다. 넷플릭스에서 가장 많이 재생된 콘텐츠가 이미 종영된 지 오래된 〈더 오피스(The Office)〉나 〈프렌즈(Friends)〉 같은 TV시트콤인 것을 보면 잘 만든 콘텐츠의 가치가 얼마나 대단한지 잘 알 수 있습니다. 콘텐츠의 양도 많이 확보해 놓아야 사용자들의 패턴에 맞는 추천을 할 수 있고, 이를 통해 다양한 사용자층을 공략할 수 있습니다.

또 하나 중요한 것은 관객의 성향이 바뀌고 있다는 점입니다. 새로운 소비 세대로 떠오르는 Z세대는 긴 호흡의 영화보다는 짧고, 축약된 형태의 유튜브형 콘텐츠에 더 익숙합니다. 영화 〈위플래쉬(Whiplash)〉와 〈겟 아웃(Get Out)〉의 프로듀서인 제이슨 블럼(Jason Blum)이 Z세대들에 대한 연구를 통해 깨달은 것은 '대부분이 영화를 보면서 멀티 테스킹을 하는 것'이라고 합니다. 그는 '젊은 세대의 영화 감상 자세가 틀렸다고 지적하는 것은 오만한 행위이며, 자신의 영화를 절반이라도 집중하여 즐길 수 있도록 영화를 제작하는 것이 더 중요하다.'고 덧붙였습니다.

오프라인에서만 할 수 있는 '경험'에 집중하라

영화관은 플랫폼 측면에서 OTT서비스에 비해 많은 약점이 있습니다. 부동산이 결부된 모든 사업자가 그렇듯 사회적 악재나 자연재해가 닥칠 경우 운영에 막대한 지장을 받습니다. 2020년 여름 시장을 겨냥했던 〈분노의 질주 9〉와 제임스 본드 시리즈의 신작 등도 극장 개봉이 연기되었습니다.

〈어벤저스:엔드게임〉의 감독 조 루소(Joe Russo)는 사람들을 영화관으로 불러모으기 위해서는, 집 밖에서 반드시 그 콘텐츠를 봐야만 하는 당위성이 있어야 한다고 말했습니다. 극장이 아무리 편해도 내 방, 내 침대보다 편안할 수는 없습니다. 영화관 업계도 이러한 흐름을 잘 알고 있고, 예전처럼 많은 수의 관람객을 채워 수익을 올리기보다는 고객들에게 더 좋은 경험을 선사하면서 비용을 높게 받거나 다양한 연계 상품들을 판매함으로써 수익성을 올리고자 노력하고 있습니다.

영화관에서만 접할 수 있는 전용 인터렉티브 콘텐츠, 아이맥스 상영 스크린, 4DX 영화, 360도 콘텐츠 및 증강현실 콘텐츠 등을 적극적으로 활용해 사람들이 영화관을 방문해야 하는 이유를 제공해야 합니다.

가수 이문세의 노래 '조조할인'의 가사에는 영화관에서만 할 수 있는 특별한 경험이 묘사됩니다. 세대를 불문하고 우리가 영화관이라는 장소에 가지는 감정은 특별합니다. 그런 만큼 영화관이 시대와 환경의 변화로 인해 역사 속으로 사라져 가는 것을 지켜보는 마음은 씁쓸합니다. 저 역시 미래에도 여전히 영화관으로 영화를 보러 오는 관람객이 존재하기를, 봉준호 감독의 '영화는 영화관에서 봐야 제대로 즐길 수 있다.'는 말이 오랫동안 유효하기를 바랍니다.

영화에 충실할 수 있는 공간으로의 영화관, 그 본질을 지속하기 위해서라도 극장은 디지털과 시대의 변화를 적극 수용해야 합니다. 그렇지 않다면 결국엔 완전히 사라질지도 모릅니다.

디지털 아스클레피오스의 지팡이

Rod of Asclepius

건강은 인간에게 그 무엇보다 소중한 가치입니다. 그래서 세계 각국의 정부는 국민이 건강을 유지할 수 있도록 의료 기술을 연구하고, 국가 의료 시스템을 구축하는 데 매년 천문학적인 돈을 투자하고 있습니다. 하지만 이번에 전염병이 세계를 덮쳤을 때 우리를 지켜줄 것으로 믿었던 의료 시스템은 많은 허점을 드러냈습니다.

마스크 착용같은 기초적인 의학 상식을 전달하는 것에서부터 혼선을 빚은 나라도 있었고, 늘어나는 환자를 감당하지 못할 정도로 열악한 병원 환경이 드러나 문제가 되기도 했습니다. 한국은 훌륭한 초기 대응과 질병 관리로 인명 피해를 최소화 할 수 있었지만, 미국과 일본을 비롯한 소위 선진국들조차 그들의 의료 시스템에 큰 허점을 노출했습니다. 특히 미국은 환자가 아닌 병원과 제약회사의 이익을 최우선으로 설계된 의료보험 체계가 많은 문제를 야기하고 있습니다.

이런 문제를 해결하는 데에도 디지털 트랜스포메이션이 역할을 할 수 있을까요? 있다면 어떤 기술과 서비스가 도입되어야 할까요?

코로나19 사태에서 힘을 발휘한 원격진료

미국의 의료보험은 한국보다 혜택을 받는 사람의 수가 적고 혜택도 제한적인 경우가 많습니다. 그래서 원격의료가 대안으로 적극적으로 활용되어 왔죠. 한국의 경우 코로나19 사태로 인해 한시적으로 허용되었지만 기본적으로 의료진 사이의 원격진료가 아닌 의료진과 환자 간의 원격의료 행위는 불법입니다.

그런데 코로나19 사태로 인해 원격의료는 그 진가를 발휘하고 있습니다. 미국의 원격의료 회사인 텔레닥 헬스(Teledoc Health)의 경우 이번 2020년 1분기 매출이 전년 대비 41% 성장한 1억 8,080만 달러를 기록하였고 특히 미국 내 진료비 매출이 1,258만 달러에 달해 전년 대비 무려 205%나 성장했습니다. 텔레닥 헬스의 CEO인 제이슨 고어빅(Jason Gorevic)은 "우리의 원격의료 플랫폼이 기술을 통해 의사와 환자를 연결시켜줌으로써 코로나19 상황을 진정시키는 데 기여할 수 있어 기쁘게 생각한다."고 말했습니다. 지금 미국이 겪고 있는 의료진과 인프라의 절대적 부족 현상을 감안할 때 원격의료 시스템마저 없었다면 취약, 소외계층은 더욱 가혹한 의료 사각지대에 놓였을 것입니다.

코로나19가 전 세계를 휩쓸고 있다지만, 그 외 다른 병들이 발생하지 않는 것도 아닙니다. 그런 만큼 다양한 질병에 대한 대응과 관리도 원격의료를 통해 일정 부분 해소될 수 있습니다. 원격의료 서비스로 자택에 머무르는 환자를 진료하고 의사가 처방한 약을 자택으로 배달시키면 환자가 불편한 몸을 이끌고 부득이하게 병원을 찾지 않아도 됩니다. 병원 내에서 바이러스 감염 환자가 발생하거나 감염자가 병원에 방문하여 방역을 하기 위해 병원을 한시적으로 폐쇄해야 하는 경우가 많았습니다. 이런 상황에서 원격의료는 의료진과 환자 모두의 안전을 지키는 데 도움을 줄 것입니다.

원격의료는 시간에 구애받지 않고 시행할 수 있고, 의료 비용의 부담도 상당 부분 줄일 수 있습니다. 미국의 의료보험사 유나이티드헬스케어(UnitedHealthcare)가 밝힌 미국의 평균 진료비 데이터에 따르면 화상 원격진료는 50달러, 경증 진료를 위한 개인병원 방문은 85달러, 급한 증상에 방문하는 긴급치료(Urgent Care)는 130달러, 응급실 방문인 경우 740달러라고 합니다. 원격진료는 응급실을 방문해야 할 정도의 중증이 아닌 한 가격 측면에서 비교가 되지 않을 정도로 저렴하기에 상대적으로 의료 혜택을 받기 어려운 취약계층에게 더 현실적인 선택입니다.

이미 의료 분야에서 일하고 있는 인공지능

의료 부문의 디지털 혁신을 이루기 위해 인공지능의 힘을 더 적극적으로 활용하면 어떨까요? 물론 인공지능이 병의 진단부터 치료까지 모든 것을 완벽하게 처리할 수는 없지만, 지금의 인공지능은 단편적인 축이 고도로 발달한 도구입니다. 강도 높은 훈련과 변수 설정을 통해 인간이 보지 못하는 패턴을 찾아낼 수도 있고, 입력한 가이드라인이나 응대 매뉴얼 등을 활용해 환자의 초기 상태를 빠르게 파악하는 데 도움을 줄 수 있습니다. 이를 통해 의사가 병을 치료하는 데 필요한 환자의 신상 및 의료 정보를 빠르게 수합할 수 있고, 1차 진료 차원에서 어떤 환자에게 더 즉각적이고 강도 높은 치료를 해야 하는지 선별할 수 있습니다.

특히 이번 코로나19 사태처럼 환자의 수가 급증할 때 환자의 데이터를 모아 인공지능이 어떤 환자가 더 위태로운 상황인지를 판단해 더 위급한 사람들에게 먼저 의료진의 손길이 닿을 수 있도록 조치할 수 있습니다. 실제로 코펜하겐대학(University of Copenhagen)의 컴퓨터 과학자들은 어떤 환자에게 우선적으로 의료용 호흡 장치가 필요할지 판단하는 인공지능 알고리즘을 개발해 적용하기도 했습니다. IBM의 인공지능 의사 왓슨(Watson)은 방대한 양의 데이터 분석을 바탕으로 치료법을 추천하거나 유사 사례 분석 등을 의료진에게 제공하기도 하고, 인간 게놈 유전자 데이터 처리와 분석까지 도움으로써 환자의 치료에 필요한 심층적 데이터를 서비스합니다.

그리스로마신화에 등장하는 의술의 신 아스클레피오스는
인간의 병을 고쳐주면서 영웅으로 칭송받았습니다.
그러나 그의 능력을 경계하던 신들의 왕 제우스로부터 죽임을 당하죠.
의료 부문의 디지털 혁신은 예방 의학의 발달, 의료 서비스의 평등을
이뤄낼 것으로 기대되지만 한편으로는 우려도 사고 있습니다.
디지털 의학 기술이 21세기의 아스클레피오스가 되는 건 아닐까요?

디지털 의료 체계가 부족한 의사를 보완할 수 있다

일반적으로 병원에 입원하는 이유는 환자를 지속적으로 관찰하고 대응할 수 있기 때문입니다. 간호사가 시간에 맞춰 상태를 체크하고 의사가 정기적으로 검진을 하러 오는 구조는 끊임없는 관리가 필요한 환자들에게 필수적인 의료 행위입니다. 하지만, 모든 환자에게 같은 수준의 관찰과 의료 행위가 필요하지 않고, 환자에 따라 체크해야 하는 주기도, 관찰해야 하는 항목도 다릅니다. 오히려 불필요하게 입원 환자들을 과수용한다면 정말 필요한 환자를 돌보는 데 지장을 초래할 수도 있습니다.

한국 국가통계포털(KOSIS)에 따르면 2019년 기준으로 인구 1,000명당 의료기관 종사 의사 수는 전국 평균 3.0명입니다. 1,000명의 환자를 3명의 의사가 나눠서 돌봐야 하는 구조라는 뜻인데, 인력의 활용을 최대치로 끌어올린다고 해도 의사 한 명이 감당하기 어려운 숫자로 보입니다. 그렇기 때문에 인간의 노동력에만 의존하기보다, 디지털의 힘을 빌려 더 효율적인 의료 서비스를 제공해야 합니다.

환자의 상태를 꾸준히 체크하고 간단한 처방 및 조언

을 줄 수 있는 '디지털 의료 컴패니언(Digital Health Companion)' 생태계를 구축하면 거리와 시간의 장벽을 어느 정도 해소할 수 있습니다. 이를 위해 특별히 고가의 의료 장비를 환자들이 구매할 필요도 없습니다. 스마트폰과 스마트워치 같은 웨어러블 디바이스를 활용할 수 있기 때문입니다.

물론 이런 방식의 디지털 의료 체계는 촌각을 다투는 고위험군의 병이나 혼자서 몸을 가누기 힘든 상황에 놓인 환자들보다는 당뇨나 고혈압, 비만처럼 지속적인 관리와 체크를 통해 증세가 호전될 수 있는 질병에 더 효과적입니다. 간호 인력이 병원에서 환자를 일일이 방문해 상태를 체크하는 것보다 효율적일 뿐만 아니라, 집에서 간단히 셀프 체크를 하고 데이터를 입력함으로써 의료진과 환자 모두 병세의 진행을 수치로 확인할 수 있는 구조를 갖출 수 있습니다.

앞으로 환자가 직접 병원을 방문하는 일은 예전에 비해 많이 줄어들 것입니다. 원격의료는 사람들 사이의 물리적 거리가 멀어지는 이 시점에 선택이 아니라 필수이기 때문입니다. 이제 막 상용화되기 시작한 원격의료 시스템을 더욱 고도화시켜 환자가 필요할 때 빠르게 응대할 수 있게 해야 합니다. 또 인공지능을 적절히 활용하여 의료 서비스의 질도 높여야 합니다. 디지털 의료 서비스가 보편화되어 환자와 질병에 대한 데이터를 모으고, 축적한 데이터를 머신러닝으로 분석하다보면 새로운 치료법을 발견하게 될 지도 모릅니다.

기술이 발달해도 당분간 의사의 존재를 완벽하게 대체하기는 어렵습니다. 하지만 디지털 솔루션을 환자 치료에 잘 활용할 방안을 적극적으로 고민했으면 합니다. 원격진료 기술이 잘 사용된다면 의학의 신인 아스클레피오스가 환자를 치료하기 위해 사용한 지팡이(Rod of Asclepius)처럼, 효과적인 도구가 될 수 있을 것입니다.

Chapter 3

디지털 트랜스포메이션, 비즈니스를 바꾸다

Z세대의 습격

2019년을 기점으로 전 세계 Z세대 인구는 7.7억 명이 되었습니다. 이는 밀레니얼 세대의 인구보다 0.5%가 많은 숫자입니다.

밀레니얼 세대를 공략해야 한다는 목소리가 마케팅의 가장 큰 화두였던 시절이 있었고, 많은 기업들은 이 세대가 어떻게 사고하고 행동하는지 연구해 활용했습니다. 하지만 세월은 흘러 밀레니얼 세대와 구분되는 Z세대(다양한 기준이 존재하지만 일반적으로 1995~2010년에 태어난 세대)가 등장했습니다. 그들에게는 이전 세대와 확연히 구분되는 여러 특징이 있습니다.

Z세대와 이전 세대의 차이점은 무엇이고, 그들을 끌어당기는 요소는 무엇일까요?

적극적으로 자신의 의사와 취향을 표현하는 세대

Z세대는 자기 자신을 나타내는 데 가장 거침없는 세대로 불립니다. 이들은 본인의 감정 표현뿐 아니라 옷차림과 성적 취향 그리고 사회적 문제에 대한 의견까지 대담하게 발언하며, 앞으로 자신들이 살아가야 할 세상에 대한 생각 또한 확고합니다.

2003년에 태어난 Z세대 그레타 툰베리(Greta Thunberg)가 환경 오염의 심각성을 적극적으로 경고하며 2019년 '타임지가 선정한 올해의 인물'이 된 것 역시, Z세대의 생각과 성향과 관련 있다고 생각합니다. 이러한 현상은 이 세대의 소비 패턴에서도 찾아볼 수 있습니다. 밀레니얼 세대에 대한 마케팅 솔루션을 제공하는 회사 'WP Engine and the Center for Generational Kinetics'의 통계 자료에 따르면 베이비붐 세대는 23%만이 '사회적 이슈에 적극적으로 참여하는 기업에서 물건을 사겠다.'는 의사를 밝힌 반면, Z세대는 69%가 환경적, 사회적인 요소를 고려한 윤리적인 소비를 하겠다고 답했습니다. 또 32%의 Z세대가 '나와 다른 성향을 지닌 기업의 제품은 사지 않겠다.'고 답했습니다. Z세대가 관습적인 성구분 없이 화장품을 만드는 회사 '플루이드 뷰티(Fluide beauty)'에 대해 열광적인 환호를 보내고, '굿 온 유(good on you)' 같은 서비스를 이용해 환경에 해를 덜 끼치는 패션 브랜드를 찾는 것도 같은 맥락입니다.

Z세대는 이미 디지털화 된 세상에 태어났기에 어느 세대보다도 디지털 친화적입니다. 스마트폰과 보급형 카메라를 손과 눈처럼 활용하며 누구나 손쉽게 자기만의 콘텐츠를 만들어 세상에 내놓습니다. 유튜브 같은 동영상 플랫폼이 확산하면서 콘텐츠의 배포도 쉬워졌죠.

Z세대를 대상으로 선호하는 직업군 조사를 하면 크리에이터, 인플루언서, 스트리머 등이 늘 최상위에 오릅니다. 중국의 Z세대 중 54%가 SNS 기반 인플루언서가 되고 싶어 한다는 통계가 나올 정도니까요. 이러한 좋은 예가 라이브 스트리밍과 쇼핑을 연결해 주는 '타오바오(taobao.com)' 등의 플랫폼을 통해 높은 수익을 올리는 왕홍(중국판 인플루언서)들입니다. 유명한 왕홍인 웨이야(viya)가 상품을 판매하는 방송을 하면 동시 접속자 수가 세계적인 인기 드라마 〈왕좌의 게임(Game Of Thrones) 파이널 에피소드〉의 동시 시청자 수보다 많다고 합니다. 그만큼 엄청난 인기와 수익을 올리고 있는 것이죠.

가치 소비를 지향하고, 디지털 친화적이며, 솔직한 사람들.
Z세대를 표현하는 단어입니다.
그러나 겉으로 보이는 모습만으로 한 세대를 단정지을 수는 없겠죠.
디지털 트랜스포메이션을 준비하고 있는 모든 기업과 조직들은
Z세대의 욕망과 이면에 있는 이야기에 귀를 귀울여야 합니다.

이렇게 디지털 세계에서 활동하는 인플루언서들이 막강한 영향력을 발휘함에 따라 인플루언서를 키우고 관리하는 것이 요즘 브랜드의 필수 요소가 되었습니다. 때로 기업들은 Z세대를 겨냥한 10대 인플루언서 양성에 직접 나서기도 합니다. 한국의 온라인 마케팅 기업인 '블랭크 코퍼레이션'이 유튜브, 네이버TV와 함께 개최한 '고등학생 간지 대회'가 좋은 예입니다. 우승자는 억대 계약금을 받으며 본인의 프로덕트 라인을 론칭할 수 있는 파격적인 포상을 얻는 서바이벌 프로그램이었죠. 기업과 인플루언서가 되고 싶어 하는 Z세대가 함께 윈윈(win-win)하는 행사였습니다.

디지털 네이티브들의 마음 속 의외의 아날로그 감성을 공략하자

디지털 시대에 태어나 자란 Z세대는 아날로그 시대에 대한 동경도 갖고 있습니다. 80, 90년대 아날로그 감성이라 할 만한 공중전화, 삐삐, 게임보이 등을 자라며 경험해 보지는 못해서 최첨단 스마트폰이 있음에도, 슈프림에서 나온 저가형 구형 전화기를 비싼 돈을 주고 구매하기도 합니다. 3차원을 넘어 거의 4차원까지 경험할 수 있는 게임들이 즐비한데도, 80년대 픽셀 그래픽으로 구성된 게임을 선호하기도 합니다. 넷플릭스에서 〈프렌즈(Friends)〉 같은 90년대의 히트 시리즈를 보고, 80년대를 배경으로 한 〈기묘한 이야기(Stranger Things)〉 시리즈에 열광하기도 하죠. 올드스쿨 스타일이 가진 희소성이 그들에게는 갖지 못한 것에 대한 프리미엄으로 혹은 간접적 시간 여행으로 여겨지는 것입니다.

밀레니얼 세대를 밀어내고 혜성처럼 등장한 Z세대, 그들의 대담함과 디지털적 적응력 그리고 아날로그에 대한 동경은 오프라인과 온라인 모든 부분에 걸쳐 콘텐츠와 상거래의 패턴을 바꾸고 있습니다. 시간이 지날수록 Z세대의 사회적 영향력은 높아질 것이고 그들의 경제력 또한 동반 상승할 것입니다. 그렇기 때문에 현시대의 브랜드도 이에 맞춘 미래 전략을 필수적으로 세워야 할 것입니다.

당신이
무엇을 원하는지 알려주는
데이터 기반 디자인

인스타그램(Instagram)은 2016년부터 서비스 내에서 쇼핑 기능을 선보였습니다. 인스타그램 포스팅이나 계정에 연동된 외부의 상거래 사이트로 연결하거나, 앱 안에서 상품의 상세 소개를 도와주는 기능을 선보였죠. 2019년에는 인스타그램 밖으로 나가지 않고 앱 안에서 상품의 구매와 결재가 가능한 기능을 도입했습니다. 소비자 입장에서도 번거롭게 다른 사이트로 이동하지 않고, 인스타그램 앱 안에서 몇 번의 클릭만으로 원하는 제품을 쉽게 살 수 있게 되었습니다.

인스타그램이 제공하는 상거래 기능 덕분에 많은 기업들이 자체 웹사이트 트래픽이 급증하거나, 수익이 급상승하는 효과를 보고 있습니다. 모바일로 액세서리를 판매하는 회사 '네이티브 유니언(Native Union)'은 인스타그램의 쇼핑 기능을 사용한 이후 자체 웹사이트의 한 달 평균 사용자 유입량이 2,662% 증가하고, 인스타그램을 통해 발생한 한달 평균 매출이 100% 증가했다고 발표했습니다.

나보다 더 나를 잘 아는 알고리즘의 상품 추천

2020년, 인스타그램의 모회사인 페이스북도 자체 상거래 기능을 출시했습니다. 인스타그램이나 페이스북같이 사용자에 대한 광범위한 인적 정보를 바탕으로 순도 높은 프로필 구축이 가능한 서비스는 '용한 무당보다 나를 더 깊게 꿰뚫어 보고' 상품을 추천합니다.

디지털 서비스의 경우 텔레메트리 데이터(원격으로 사용자의 패턴을 수집하는 데이터)를 통해 사용자의 행동 패턴을 수집하고, 인공지능 알고리즘이 지역과 계절 등의 특수성을 적용한 트렌드 분석을 끊임없이 하고 있습니다. 사용자가 디지털 서비스를 이용할수록 그들의 기호에 맞는 상품이나 서비스를 찾아내는 데 용

이해지는 것이죠.

이런 서비스들은 고구마 줄기처럼 관련 상품과 포스팅을 계속 보여줍니다. 추천하는 상품을 굳이 사지 않으면 그만이라 할 수 있겠지만, 노출 빈도가 높아질수록 소비는 증가할 수밖에 없습니다. 이것은 의지의 문제라기보다는 확률의 문제에 더 가까우니까요. 아마존 상거래 플랫폼 수익 중 35% 이상이 추천 관련 상품 알고리즘을 통해 발생하는 것도 같은 원리입니다.

데이터 기반 상품 추천의 원리

사용자가 좋아할 만한 상품을 추천하는 알고리즘의 바탕에는 방대한 데이터가 있습니다. 일반적으로 사용되는 방법은 크게 두 가지입니다. 하나는 '내용 기반(Contents) 필터링'이고, 다른 하나는 '협력적(Collaborative) 필터링'입니다.

'내용 기반 필터링'은 노출하고자 하는 상품이나 콘텐츠의 특징을 카테고리로 규정하고 사용자가 그 카테고리에 어떻게 반응하는지에 따라 점수를 매깁니다. 사용자들의 반응이 있어야만 카테고리를 선정하고 데이터를 수집, 분석할 수 있다는 단점이 있지만, 수용자가 반응하고 선택하는 맥락을 이해하는 데 많은 도움을 주는 여과 시스템이라 할 수 있습니다.

'협력적 필터링'은 머신 러닝을 통해 반복적으로 데이터를 수집하고 분석하는 방식입니다. 대단위의 데이터를 수집하고 이해하는 데 유용하죠. 보통 내용 기반 필터링으로 기본 데이터 세트를 모으고, 충분한 데이터양이 모일 수 있는 환경이 구축되면 협력적 필터링으로 정보의 순도를 높이는 작업을 합니다.

많은 표본이 생기면 그 표본들을 비슷한 군으로 묶고, 이렇게 묶인 집단을 비교 분석하면 다양한 시뮬레이션을 통해 정확도를 높일 수 있습니다. 상대적으로 표본이 적은 카테고리에 대한 추론도 가능하고요. 이를 통해 사용자가 어떤 상품을 구매하거나 어떤 콘텐츠를 좋아할지 예측합니다.

서비스 설계 과정에서도 큰 역할을 하는 사용자 데이터

서비스의 기능들이 잘 작동하는지, 높은 사용성을 지닐지를 판단

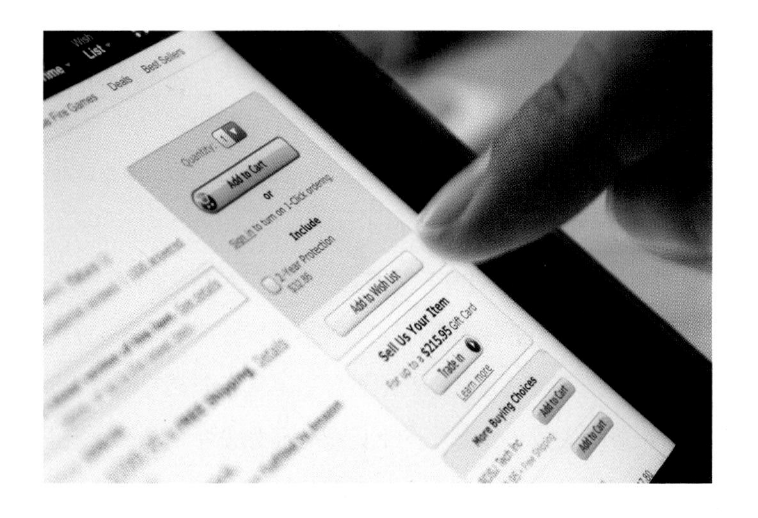

아마존에서 물건을 사거나 구글에서 상품 검색을 한 뒤에
내가 찾고 있던 물건이 계속 노출되어 깜짝 놀란 경험, 누구나 있을 거예요.
데이터 기반 추천 알고리즘을 활용해 아마존은 35% 이상의 추가 수익을 낸다고 하니,
디지털 기술을 가장 영민하게 사용하는 기업이 아닌가 합니다.

하는 데에도 데이터의 역할은 중요합니다. 디지털 디자인에서 데이터를 활용하는 방법은 크게 '프로토타이핑(Prototyping)'을 통해 유저 테스팅하는 방법과 서비스 공개 후 '텔레메트리 데이터'를 얻는 방법입니다.

프로토타이핑 기법은 실제 서비스의 기능에 근접하게 구현한 일종의 '가봉 의상' 같은 것입니다. 맞춤 옷을 만들 때 몸 치수를 재고 옷감을 재단해 옷이 실제 고객에게 어떻게 맞을지, 움직일 때 큰 불편은 없는지 등을 가봉한 옷을 통해 살피는 것처럼, 엔지니어링 단계에 들어가기 전에 실제 기능과 근접하게 서비스를 디자인해 사용자들이 어렵지 않게 사용할 수 있는지, 혹은 디자인에 생각지 못한 빈틈은 없는지 등을 파악하는 과정이 필요합니다. 서비스 안에서 추천 상품을 노출할 최선의 공간을 찾기 위해서도 여러 디자인 옵션을 만들고, 이를 프로토타이핑해 사용자의 반응이 가장 좋은 쪽으로 최종 결정을 하죠.

그럼에도 실제 디자인이 서비스에 적용되었을 때 호응이 좋지 않다면 디자인 수정이 불가피합니다. 여기에서 텔레메트리 데이터를 활용해 경험 설계에서 어떤 부분에 문제가 있는지 진단할 수 있습니다. 예를 들어 결제 과정 중 카드 번호를 입력하는 스크린에서 사용자 이탈률이 높다거나, 화면 전환 과정에서 새로고침을 자주 하는 것과 같은 정보를 파악할 수 있죠. 텔레메트리 데이터 센터에는 사용자의 행동에 관한 거의 모든 데이터가 끊임없이 모이기 때문에 대량의 데이터를 구조화해 분석할 수 있는 토대가 됩니다. 이를 통해 서비스가 가지고 있는 사용자 경험의 빈틈을 찾아내 보완함으로써 사용자가 원하는 수준의 서비스를 제공할 수 있습니다.

인류가 지금까지 모아온 데이터의 총량 중 90%가 넘는 양이 최근 몇 년 사이에 모였다고 합니다. 기술의 발달로 모든 사물이 소통하는 초연결시대로 진입했고, 매일같이 사용하는 스마트폰과 컴퓨터 뿐 아니라 신발, 청소기, 커피 머신 등의 다양한 물건에도 사물인터넷(IoT) 칩이 장착되어 일상의 소소한 부분까지 데이터로 저장되는 시대가 되었습니다. 대중을 상대로 하는 대부분의 서비스는 사용자의 프로필을 파악하기 위해 사용자가 어떤 포스팅에 '좋아요'를 누르고 댓글을 남겼는지 그리고 공유했는지 같은 행동들을 분석합니다.

앞으로 이러한 데이터를 활용한 서비스 디자인은 비즈

니스에 더욱 적극적으로 활용될 것입니다. 사용자가 지금 당장 무언가 사고 싶은 마음이 없더라도 서비스를 사용하는 것만으로 없던 구매 욕구가 샘솟게 할 정도로 정교해지지 않을까요? 그럴 때 소비자로서 어떤 태도를 취하는 것이 현명한지도 고민할 문제입니다.

스타벅스가 쏘아올린
디지털 트랜스포메이션
경쟁의 신호탄

스타벅스는 명실공히 글로벌 no.1 커피 브랜드입니다. 1971년 시애틀에 첫 매장을 연 이후 2019년 말 기준 전 세계 3만여 개의 매장을 보유한 세계 최대 커피 브랜드로 성장했죠. 지금은 커피뿐 아니라 차와 간단한 식사 그리고 주류 시장까지 영역을 빠르게 확대 중입니다. 이 커피 프랜차이즈를 성공시킨 스타 경영자 하워드 슐츠(Howard Schultz)가 2017년 경영 일선에서 완전히 물러난 뒤 현재는 마이크로소프트 출신 케빈 존슨(Kevin Johnson)이 CEO 자리를 이어받아 스타벅스의 혁신에 박차를 가하고 있습니다.

2017년 50달러 선에 머물던 주가가 팬데믹을 지난 2020년 중반기에도 80달러 선을 유지하고 있다는 것은 스타벅스에 대한 시장의 기대가 그만큼 높다는 것을 의미합니다. 스타벅스 성장의 주요 원인이 글로벌 커피 시장의 동반 확장 및 콜드브루(Cold Brew) 음료의 영향이라는 분석도 있었습니다. 하지만 많은 전문가들은 디지털 트랜스포메이션이 스타벅스를 커피 업계 부동의 1위로 만들었다고 이야기합니다. 스타벅스는 어떤 식으로 디지털 전환을 꾀했을까요?

미국 내에서만 연간 2,800만 명이 사용하는 서비스

스타벅스는 전 세계 요식업계에서 온라인 주문 및 결제, 디지털 리워드 시스템을 글로벌 스케일로 가장 먼저 도입한 회사입니다. 2018년 기준 스타벅스의 결제 시스템은 미국 전체 모바일 결제 시스템의 12%를 차지해 모바일 시장에서 애플 페이나 삼성 페이 혹은 구글 페이보다 더 많이 사용된 결제 시스템으로 기록되었습니다.

2020년에 미국 내에서 스타벅스의 모바일 결제 시스템을 사용하는 인구는 2,800만 명에 이를 것으로 예상합니다. 이용 인구를 더 늘리기 위해 스타벅스는 사람들이 스타벅스 앱을 더

스타벅스는 요식업계에서 가장 빨리, 성공적으로 디지털 전환을 이룬 기업으로 손꼽힙니다. 고객들은 혜택을 받기 위해 스타벅스의 디지털 서비스를 이용하고, 스타벅스는 이렇게 모은 고객 데이터로 서비스를 향상시키는 선순환이 이루어지고 있습니다.

많이 활용할 이유를 만들고 있습니다. 모바일 앱을 통해 구매하는 고객에게는 다양한 프로모션 혜택을 주고, 간편 주문 및 결제 기능인 '사이렌오더(siren order)'의 편의성을 높여 앱의 지속적 사용률을 높이죠.

스타벅스는 "자체 애플리케이션을 통한 온라인 주문 시스템 도입 후 매출이 20%가량 늘었고, 이는 매년 증가하는 추세"라고 말했습니다. 이것은 고객 데이터 분석의 힘으로도 볼 수 있습니다. 스타벅스는 앱 사용자에게서 발생하는 데이터를 자체 처리하고 분석하여 상품 개발과 마케팅에 활용하고 있습니다. 디지털 기술을 이용해 매출 증대와 새로운 서비스 개발을 동시에 하고 있는 셈입니다.

디지털 전환으로 데이터 평등, 서비스 평등을 추구하다

스타벅스는 디지털 트랜스포메이션을 위해 하나의 디지털 생태계를 구축하고 있습니다. 그리고 그 변화의 밑바탕에는 클라우드 인프라스트럭쳐의 활용이 있죠. 자체 데이터 센터를 건립하는 대신 클라우드 기반으로 데이터를 다루고 있습니다. 매장의 모든 커피 기계에 커피 추출 관련 데이터를 모을 수 있는 사물인터넷 칩을 이식하여 메뉴 생산까지 사물인터넷의 관점에서 접근하고 있죠.

스타벅스에서 만들어내는 모든 커피의 실시간 추출 데이터를 모으고 분석함으로써 최고의 고객 응대가 가능한 환경을 조성하는 것입니다. 실제로 지역에 따라 계절에 따라 심지어는 손님에 따라 맞춤형 서비스를 제공하고 있습니다. 그리고 판매 정보를 포함한 통합 디지털 시스템을 파트너사에 솔루션으로 제공함으로써 생태계 확장과 상생을 도모합니다. 직영 매장이 아니더라도, 스타벅스가 구축한 디지털 솔루션의 장점을 함께 누리는 것이죠.

데이터를 활용한 온오프 믹스(on-off mix) 마케팅 설계

스타벅스는 디지털 솔루션을 통해 오프라인 매장의 다양한 변화를 모색합니다. 2019년 스타벅스는 뉴욕의 펜 스테이션 근처에 앱을 통해서만 주문과 픽업이 가능한 '모바일 픽업 온리 스토어'를 열었습니다. 매장의 규모는 상대적으로 작은 편이고 매대에 진열된 상품도 없지만, 앱을 통해 주문한 상품을 빠르고 편하게 가져갈 수 있는 형태로 매장이 구성되었습니다. 이미 대중화된 모바일 주문인 사이렌 오더를 적극적으로 활용한 형태의 매장입니다. 유동 인구가 많고, 땅값이 비싼 지역에서 많은 좌석을 두는 큰 규모의 오프라인 공간을 여는 대신, 고객 응대의 질을 올리고 주문의 효율과 회전율을 극대화하는 전략입니다.

2014년 처음 문 연 '스타벅스 리저브 로스터리(Reserve Roastery)'는 고급화 전략을 추구하는 스타벅스의 상위 브랜드입니다. 이 브랜드에서는 일반 매장에서 판매하지 않는 스페셜티 커피를 맛볼 수 있고, 칵테일과 식사처럼 커피를 넘어선 영역의 실험도 함께 이루어지고 있습니다. 이곳에서 새롭게 시도되는 서비스와 그것을 접한 고객의 반응은 스타벅스가 구축해 놓은 데이터 시스템에 저장됩니다.

리저브 로스터리는 스타벅스 브랜드의 전체적인 이미지 상승뿐 아니라 제품의 영역 확장을 위한 교두보 역할도 하는 것이죠. 스타벅스의 모든 매장이 뉴욕의 팬 스테이션 매장처럼 픽업 형태로 바뀌거나 리저브 로스터리처럼 고급 매장으로 바뀌지는 않겠지만, 디지털의 힘을 적극 활용할 수 있는 오프라인 매장은 진화하게 될 것입니다.

이러한 스타벅스의 디지털 트랜스포메이션은 업계 전반에 영향을 미치고 있습니다. 경쟁 커피 회사뿐 아니라 커피가 매출에 중요한 부분을 차지하는 맥도날드, 세븐 일레븐 같은 유사 업종들까지 온라인 오더 및 리워드 시스템을 구축함으로써 경쟁에 빠르게 동참하고 있습니다. 던킨도너츠(Dunkin Donuts) 같은 기업도 새 시대에 맞게 거듭나기 위해 사명을 던킨(Dunkin)으로 바꾸고 커피를 중심으로 한 사업 확장과 디지털 시스템 구축에 사활을 걸고 있죠. 앱을 이용한 모바일 주문, 키오스크를 통한 대면 접촉 제한, O2O(오프라인 투 온라인) 배달 연계 같은 디지털 솔루션은 이제 경쟁에서 살아남기 위해 선택이 아닌 기본 조건이 되었습니다.

스타벅스의 막강한 브랜드 파워는 안정적인 유통 구조에서 오는 확장성과 커피 맛의 퀄리티 컨트롤에 있었다고 해도 과언이 아닙니다. 전 세계 80여 개국 31,000개의 매장에서 양질의 커피를 일정한 수준으로 제공할 수 있는 시스템을 구축한 회사는 현재도 스타벅스뿐이고 당분간은 스타벅스밖에 없을지 모릅니다. 이미 훌륭하게 비즈니스를 해나가고 있음에도 앞으로 스타벅스의 행보가 지금보다 더 기대되는 이유는, 스타벅스가 디지털 환경에 걸맞는 솔루션을 끊임없이 연구하고 개발하기 때문입니다.

커피 비즈니스의 중심이 유통에서 데이터로 옮겨진 만큼 어느 기업이 고객을 더 유심히 관찰하고 이해하는지, 또 사용자 친화적인 인프라를 구축해 그것을 바탕으로 빠르게 솔루션을 내는지가 앞으로 시장의 승부처가 될 것입니다.

이케아는
가구 회사가 아니다

이케아(IKEA)는 전 세계 나무 생산량의 약 1%를 소비하는 가구 회사입니다. 품질 좋은 가구를 합리적인 가격에 판매하는 이 회사는 1인 가구 시대를 사는 사람들의 생활 방식에 큰 영향을 미친 브랜드 중 하나로 꼽힙니다. 이케아가 등장하기 전, 가구는 결혼할 때나 인생에 큰 변화가 있을 때 마음먹고 사야 하는 것으로 인식되었습니다. 그러나 이제는 패션처럼 트렌디하게, 기분에 따라 쉽게 바꿀 수 있는 것으로 생각하는 사람들이 많아졌죠.

그런데 어느 날부터 이케아가 스스로를 '디지털 회사'라고 칭하기 시작했습니다. 전등이나 전구같은 전자 기기를 팔아서가 아니라 진정한 디지털 생태계를 고민하고 현실화시키는, 디지털 시대 스마트 홈 시스템의 리더가 되겠다는 포부입니다. 이케아는 어떤 전략과 상품을 가지고 이러한 주장을 하는 것일까요? 그리고, 가구 회사의 디지털화가 가능할까요?

기업의 약점을 디지털 기술로 보완하는 영리함

이케아는 자신에게 제일 먼저 필요한 디지털 솔루션이 어떤 것인지 잘 알고 있습니다. 바로 '증강현실 기술'이죠.

이케아는 완성품이 아닌, 반제품을 팝니다. DIY(Do It Yourself)라는 미명 하에 조립 프로세스를 소비자에게 이양함으로써 생산 원가를 줄이고, 그 차익을 저렴한 가격의 제품으로 보상하는 전략이죠. 문제는 이 가구가 내 집에 잘 맞을지 혹은 잘 어울릴지 가늠하기 어렵다는 것입니다, 이를 보완하기 위해 매장 안에는 다양한 라이프 스타일을 반영한 쇼룸 수백 개가 갖춰져 있습니다. 하지만 여전히 그 물건이 내 집 안에 들어오기 전까지는 확신하기 어렵습니다.

이케아는 이런 소비자의 불만을 '이케아 플레이스(IKEA

Place)'와 같은 증강현실 앱을 통해 해결합니다. 모바일 앱을 통해 의자, 서랍, 책상 등을 내 집 안에 배치해볼 수 있게 하는 거죠. 이케아 플레이스는 애플의 ARKit(증강현실 기술을 가능하게 해주는 개발 플랫폼)을 활용한 증강현실 앱 중 두 번째로 많은 다운로드 수를 기록할 정도로 대성공을 거두었습니다.

가구가 스마트홈 시스템의 중심에 서다

이케아의 강점 중 하나는 엄청난 스케일과 장악력입니다. 1만 개가 넘는 다양한 종류의 제품이 전 세계 430개가 넘는 오프라인 매장과 온라인 스토어를 통해 쉴 새 없이 판매됩니다. 그만큼 영향력도 큽니다. 현재 전 세계 표준으로 사용되고 있는 무선 충전 기술이 이케아와 스타벅스의 선택에 의해 표준이 정해졌을 정도니까요. 이렇게 강력한 영향력을 지닌 회사의 제품이 소프트웨어 업그레이드만으로 좋아지는 세상이 오고 있습니다.

현재 이케아의 모든 제품은 서로 대화하고, 정보를 공유함으로써 사용자에게 최고의 경험을 선사하는, 초연결 스마트홈 시스템의 형태로 진화하고 있습니다. 이 변화를 이끄는 것은 '스마트 스피커'입니다. 이케아는 2019년 처음으로 스마트 스피커 업체 소노스(SONOS)와 정식 협업한 '심포니스크(Symfonisk)' 라인을 출시했습니다. 이케아의 스마트 스피커는 자체 인공지능 어시스턴트 기술도 있지만, 구글 어시스턴트와 병행해 사용할 수도 있습니다.

이케아가 소노스와 협업을 하면서까지 스마트 스피커를 제작하고 싶었던 이유는 스마트 스피커가 다른 사물인터넷 장치를 제어하는 역할과 데이터 수집을 하는 허브(Hub)가 될 수 있기 때문입니다. 이케아에서 만들고 있는 다양한 스마트홈 제품들인 자동 블라인드, 높낮이 조절 책상, 스마트 전구 등을 사용하기 위해서는 스마트 스피커가 필요합니다. 명령어 전달과 설정만으로 쉽게 조작할 수 있죠. 기업 입장에서는 스마트 스피커를 상품을 판매하는 창구로 활용할 수 있습니다. 사용자의 데이터를 수집하고 분석해 소비자에게 유용한 기능을 먼저 제안하는 방식이죠.

방대한 소비자 데이터는 이케아가 더욱 경쟁력 있는 제품을 만드는 데 유용한 자원으로 사용될 것입니다. 실제로 이케아는 "소노스의 디지털 기술과 사람들에게 필요한 것이 무엇인지

이케아를 '가구 회사'에서 '디지털 회사'로 이끌 스마트 스피커.
그동안 스마트홈 기술은 건축 회사가 주체가 되었기에, 집을 새로 짓거나
대대적인 공사를 하지 않고는 스마트홈 시스템을 도입하기 어려웠습니다.
이케아가 가구의 디지털 트랜스포메이션이라는 과제를 성공적으로 해결한다면,
우리 생활은 또 한 번 혁명적으로 바뀔지도 모르겠습니다.

읽는 노하우를 받아들이기 위해 심포니시크를 만들었다"고 밝히기도 했습니다.

지금 당장 이케아를 디지털 회사라 부르기에는 이른 감이 있습니다. 그러나 디지털 트랜스포메이션을 통해 큰 변화를 꾀하는 것만은 분명해보입니다. 가구 시장의 첫 번째 변화는 유통을 통한 혁신이었지만, 두 번째 변화는 디지털을 통한 혁신이 될 것입니다. 데이터를 기반으로 소비자가 원하고 필요로 하는, 각각의 특성에 맞는 가구를 제작함으로써 더 많은 사람이 이케아의 가구를 구매하는 선순환을 구축하는 것입니다. 이를 통해 이케아는 주거 자체를 파는 토탈 스마트홈 솔루션에 도전할 것입니다. 머지않아 소비자들이 이케아를 삼성이나 엘지 혹은 애플 등과 비교하게 될 수도 있지 않을까요?

스페이스X의 디자인은 진화일까 아니면, 경솔함일까?

2020년 5월 30일 스페이스X는 국제우주정거장(ISS: International Space Station)으로 유인 우주선을 발사함으로써 민간 우주 시대의 개막을 알렸습니다. 민간 업체인 스페이스X의 주도로 미국이 무려 9년 만에 자국 영토에서 로켓을 발사했다는 사실도 큰 주목을 받았지만 스페이스X가 보여준 새로운 디자인적 접근에 이목이 쏠렸습니다.

흔히 우주선 내부를 상상할 때 수백, 수천 개의 조작 레버와 버튼으로 가득 찬 모습을 그립니다. 그러나 스페이스X의 파일럿이 타는 '크루드래곤(crew dragon)' 캡슐 내부에는 터치스크린과 좌석만 덩그러니 놓여 있었습니다. 자가용보다도 심플해보이는 우주선 조종석의 디자인 때문에 '적어도 핸들이나 조작 버튼은 있어야 하는 것 아닌가?' 하는 안정성의 의문도 제기되었죠.

스페이스X의 디자인적 변화는 옳은 방향일까?

크루드래곤에 탑승한 파일럿 로버트 벤켄(Robert Behnken)은 이렇게 말했습니다. "모든 우주선의 조작 방식이 터치스크린으로 바뀌어야 하는지는 잘 모르겠지만, 적어도 이번 비행에서 국제우주정거장에 기체를 안전하게 도킹하는 데 어려움은 없었다." 다른 파일럿인 더글라스 헐리(Douglas Hurley)는 "과거 2,000개가 넘는 스위치가 있던 우주선 조작 방식은 임무를 안전하게 완수하기에 좋은 구조는 아니었다."고 말했습니다.

성공적으로 우주 비행 임무를 완수한 두 명의 배테랑 파일럿의 발언을 보면 이 우주선의 기체 조작 방식과 안정성에 큰 문제는 없어 보였습니다. 그런데 어떻게 이런 획기적인 단순화가 가능했을까요?

지금의 우주 비행은 궤도 계산과 변수 예측이 마무리

된 상태에서 이루어지는 방식입니다. 운전자가 차량을 운전하듯 핸들과 엑셀로 우주 비행선 기체를 조정하는 것이 아니라, 컴퓨터가 대부분의 비행 과정을 책임집니다.

그 과정에서 컴퓨터가 통제하지 못할 정도로 큰 변수를 만났을 때 파일럿이 임기응변식으로 대응한다고 문제가 해결될 확률은 높지 않습니다. 대부분 발사 이전에 준비해야 하는 사항이 많으며, 파일럿의 역할은 우주선을 조작해 목적지에 도달하는 운전자라기보다, 데이터를 관찰하고 분석해 적절한 대응을 하는 현장 상황 요원의 성격이 강합니다.

이런 측면에서 보면 버튼으로 가득 찬 실내보다는 여러 가지 실시간 데이터를 보여줄 수 있는 큰 터치스크린 디스플레이가 훨씬 파일럿에게 맞는 모습입니다. 5단계로 나누어진 자동차의 자율주행 단계에서도, 4단계에 접어들면 인간의 역할은 비상시 조치를 위한 감독이 전부입니다. 5단계는 말 그대로 운행 조작 장치가 차 내부에 존재하지 않는, 인간이 운행에 개입할 여지가 없는 상태입니다.

현재 우주 비행은 완전 자동화를 추구하고 있으며, 자율비행의 기술적 완성도가 높아질수록 파일럿의 인위적 개입 여

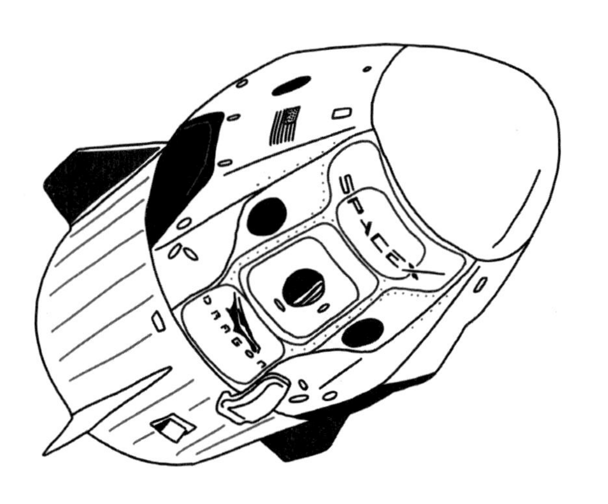

스페이스X의 우주선 크루드래곤은 민간 업체 최초로
유인 우주선을 발사하여 성공적으로 귀환까지 했습니다.
전 세계 수십만 명이 온라인으로 이 모든 과정을 지켜보았죠.
기술적인 측면에서도 놀라움을 주었지만 그보다 더 주목받은 것은
새로운 형태의 우주복과 우주선 내부였습니다.
태블릿PC와 닮은 기기 하나만 놓인 조종간과
방한복 정도로 간결한 우주복은 혁신 그 자체였습니다.

지는 줄어들 것입니다. 그래서 현재 단계에서 파일럿에게 가장 필요한 것은 상황에 대한 관찰과 올바른 판단을 내리기 위한 최상의 컨디션 유지입니다.

'더 나은 경험'을 위한 디자인

인류는 현재 화성 식민지화 계획을 포함해 더 넓은 우주로 나아갈 계획을 세우고 있습니다. 그러기 위해서는 단기비행뿐 아니라 장기비행도 가능하도록, 안전함과 편안함을 제공하는 디자인이 필요합니다.

이번에 크루드래곤 비행사에게 제공된 우주복 디자인에는 퍼포먼스를 향상시킬 수 있는 첨단 기술이 동원되었습니다. 우주복에는 좌석과 간단한 연결만으로 물, 공기, 전력을 공급받을 수 있는 기능도 장착되었죠. 장갑은 터치스크린을 오차 없이 조작할 수 있는 소재로 구성되었으며, 손가락과 손등의 바깥쪽 부분을 접이식 구조로 디자인해 손을 자유롭게 사용할 수 있게 했습니다. 3D프린팅 기술로 제작된 헬멧은 이전의 다른 헬멧에 비해 매우

가볍고, 공기 순환 시스템, 개폐형 얼굴 가리개와 같은 기능도 갖추었죠.

스페이스X의 우주복과 장비 담당 매니저인 크리스 트리그(Chris Trigg)는 "처음부터 우주복을 디자인할 때 단순히 옷이 아니라 크루드래곤 기체의 일부로 생각하며 제작했다."고 이야기합니다. 우주 비행에서 파일럿이 손으로 무언가를 조작할 일은 앞으로 더 줄어들 것입니다. 키보드나 터치스크린 대신 목소리나 뇌파를 통해 더욱 빠르고 효과적으로 커뮤니케이션하게 될 것입니다. 직접 손으로 조작해 기체를 움직이기보다, SF 영화에서처럼 우주 비행을 보조하는 인공지능 어시스턴트와의 커뮤니케이션으로 많은 부분을 자동화시키며 우주선을 컨트롤할 것입니다.

일론머스크의 '뉴라링크(Neuralink)'같은 회사는 인간의 뇌파를 디지털화하여 뇌가 지닌 한계를 극복하고, 뇌파를 통한 커뮤니케이션 능력을 극대화하는 기술을 발전시키고 있습니다. 뉴라링크는 정확히 말하기 어렵지만 5~10년 안에 뇌파 커뮤니케이션을 가능케하는 상용화 제품이 나올 것이라고 이야기합니다. 이 기술이 현실이 된다면 생각만으로 우주선을 조작할 수 있을지도 모릅니다.

미지의 세계에서 영감을 주는 여행지가 된 우주. 기술과 디자인도 함께 진화한다

크루드래곤이 기존 유인 우주선과 또 다른 점이 있었습니다. 외부를 관찰할 수 있는 여러 개의 창입니다. 앞으로 우주선에는 창이 더 많이 생길 것이고, 몸체의 크기도 더 커질 것입니다. 인류가 우주를 바라보는 시각이 바뀌면서 나타난 변화입니다.

본격적으로 민간 우주 시대에 접어들면서 앞으로는 여객용 우주선의 취항도 볼 수 있을 것입니다. 특히 2023년 취항을 목표로 진행 중인 디어 문(Dear Moon) 프로젝트는 스페이스X와 일본의 기업가 유사쿠 마에자와(Yusaku Maezawa)가 함께 기획하고 있는 프로젝트입니다. 다양한 분야의 아티스트를 선발하여 6일간 달의 궤도를 돌며 우주에서 영감을 받아 예술 작품을 만드는 것이 목적이죠. 우주는 이제 인류에게 선망과 과학적 탐구의 대상에서 즐길 수 있는 대상으로 바뀌고 있습니다.

비상용 버튼 몇 개 정도는 옆에 있어야 하는 것 아닌가? 하는 우려의 목소리는 앞으로도 계속 나올 수 있습니다. 인공지능이 발달한다 해도 변수는 존재할 것이고, 특수한 상황에 처했을 때 최소한의 조치를 할 수 있는 안전 장치는 필요하기 때문이죠. 하지만 자율비행부터 통신 기술을 활용한 커뮤니케이션에 이르기까지 최신 기술이 도입되면서 우주선 디자인의 가치가 다른 기준에서 평가되고 있습니다. 효과적이고 빠른 조작에서 즐길 수 있는 편안한 탑승으로 말이죠.

기술이 진전될수록 모던한 방향으로 디자인이 발전하는 것은 어쩌면 당연한 흐름일지 모릅니다. '더 이상 버릴 것 없는 상태가 완벽에 가까운 상태다.'라는 디자인의 격언처럼 말입니다.

플랫폼 경쟁엔
영원한 적도
동지도 없다

아마존과 마이크로소프트는 클라우드 컴퓨팅 시장의 양대 산맥입니다. 두 회사는 주도권을 잡기 위해 매일같이 경쟁하고 있는데, 보는 각도에 따라 어떤 기업이 확실한 업계 1위인지 알기 어려울 정도로 비등하게 경쟁하고 있습니다.

최근 미국 국방성이 추진하고 있는 JEDI(Joint Enterprise Defense Infrastructure) 프로젝트는 10년간 100억 달러라는 천문학적인 금액이 오가는 거래입니다. 이 거래를 따내기 위해 아마존, 마이크로소프트, 오라클(Oracle) 등의 내로라하는 클라우드의 최강자들이 입찰에 뛰어들었습니다. 2019년 10월, 미 국방성은 최종적으로 마이크로소프트를 선택했습니다. 하지만 아마존은 이 결정에 트럼프 대통령의 개인적인 감정이 작용했다며, 법원에 가처분 소송을 내기에 이르렀습니다. 평소 트럼프 행정부에 부정적인 의견을 거리낌 없이 표출한 아마존의 CEO 제프 베조스에 대한 복수로 이 거래를 마이크로소프트에 넘겨줬다는 것이 아마존의 주장이었죠. 마이크로소프트는 국방성의 모든 데스크탑과 랩탑의 운영체제가 마이크로소프트의 OS인 윈도우를 채택하고 있고, 오피스365 제품이 국방성의 업무에 이미 깊숙이 자리하고 있어 마이크로소프트의 클라우드 서비스와 자연스러운 연계가 가능하다는 점을 어필했습니다.

이 일은 하나의 에피소드지만 플랫폼 시장을 선점하고자 하는 기업 간의 경쟁은 다양한 영역에서 계속될 전망입니다. 플랫폼 산업의 특성상 경쟁 과정에서 많은 투자가 이루어지더라도 결국에는 승자가 패권을 장악하는 구조이기 때문입니다.

플랫폼 경쟁을 하는 회사는 서로 원수 같은 사이일까?

세일즈포스(Salesforce)는 자사의 다양한 소프트웨어를 기업에 온라인 서비스로 판매하는 B2B 기반 SaaS(Software as a Service) 회사입니다. 1999년 창립 이래 현재 전 세계 5만여 명의 직원을 둔 550억 달러 규모의 회사로 성장했습니다. 이 회사는 오라클이나 에스에이피(SAP), 다이내믹스365(Dynamics365)처럼 기라성 같은 회사와 경쟁하며 성장해왔죠.

세일즈포스는 2019년 데이터 시각화 플랫폼 회사인 태블로(Tableau)를 157억 달러에 인수합병하며 비즈니스 데이터 분석 플랫폼 분야에도 본격적으로 뛰어들었습니다. 그들은 이렇게 필요하다고 생각하는 비즈니스 영역이 있으면 공격적인 투자로 회사를 인수하기도 합니다. 세일즈포스의 CEO 마크 베니오프(Marc Benioff)는 마이크로소프트와 같은 경쟁사와 공공연히 날을 세워 언론의 주목을 받기도 했습니다.

그런데 2019년 세일즈포스는 마이크로소프트의 클라우드 인프라스트럭처인 아주르(Azure)와 전략적 파트너쉽을 체결한다고 깜짝 발표했습니다. 세일즈포스의 방대한 온라인 서비스를 아주르 기반으로 옮겨와 안정적인 클라우드 베이스 서비스를 제공하겠다는 계획이었죠. 플랫폼 업계의 경쟁은 치열하지만 이렇게 때에 따라 협업하는 모습을 보입니다. 플랫폼 업계의 승자독

식 룰이 어느새 깨지고 있는 걸까요?

파이를 키워 더 큰 한 쪽을 먹는 전략

2018년부터 미국의 IT업계를 들었다놨다 하는 이슈가 '반독점법'입니다. 미국의 법무부가 구글, 애플, 페이스북, 아마존 등의 기업들이 시장을 독점함으로써 자유로운 경쟁을 방해하기 때문에 강도 높은 조사를 해야 한다며 칼을 뽑아 든 것이죠.

버니 샌더스, 엘리자베스 워런 등의 상원 의원은 이 기업들을 분리해야 한다고 주장합니다. 한 기업이 한 업계를 완벽하게 잠식하는 것에 대해 미국은 큰 거부감을 가지고 있습니다. 한 기업의 힘이 막강해지면 인위적으로라도 분산시켜야 기업 간의 경쟁이 활성화되고 자본시장의 근간이 건강하게 유지된다고 믿기 때문이죠.

정부나 정치권 등 타의에 의해 분해되지 않기 위해 구글은 알파벳 같은 지주회사를 만들어 사업들을 작게 분리해왔습니다. 세일즈포스와 아주르가 전략적 파트너십을 맺는 이유도 서로의 이익을 위해 경쟁사와 손을 잡아, 시장의 외연을 확장하겠다는 전략입니다. 업무용 커뮤니케이션 플랫폼인 '슬랙(Slack)'이 경쟁 서비스 '팀즈(Teams)'와 호환성을 높여 화상 회의 등이 가능하게 장벽을 허문 것도 좋은 예죠.

반독점법이 시퍼런 칼날을 갈고 있다고 해도, 결국은 몇몇 기업들이 시장의 큰 부분을 차지하기 마련입니다. 그중에서도 선두권 기업들은 높은 시장 장악력을 유지하며 계속 세력을 키워나가죠. 그러나 그 과정에서 계속 압박과 견제를 받게 될 것입니다.

가장 현명한 전략은 경쟁자와 함께 시장의 규모를 키워나가는 전략이라고 생각합니다. 승리를 위해 기업 간 치열한 경쟁을 벌이는 것도 중요하지만, 더 중요한 것은 결국 서비스와 플랫폼을 사용하는 고객으로부터 기업의 존재 가치를 인정받는 것입니다. 과도한 경쟁을 하느라 플랫폼 사이의 장벽이 높아져 사용자에게 불편을 끼치는 일은 오히려 제 살을 깎아 먹는 결과를 가져올 것입니다.

사용자는 플랫폼 회사에 충성심을 가진 '팬'이 아니라, 만족하지 못하면 언제든 떠날 수 있는 '손님' 같은 존재라는 것을 잊어서는 안 됩니다. 클라우드 컴퓨팅 기술이 가져온 혁명적 변화로 인해 플랫폼 시장은 앞으로도 계속 발전할 것입니다. 그 주도권을 가지려는 기업들의 경쟁도 계속될 테고요. 하지만 플랫폼이든 서비스든, 사용자가 없다면 유지될 수 없다는 점을 기억해야 합니다. 이런 모습을 보면 플랫폼 경쟁의 세계에는 영원한 적도 동지도 없다는 생각이 드네요.

아마존
오프라인 스토어는
상거래 플랫폼
장악을 위한 작전

아마존은 세계 최대 온라인 상거래 플랫폼입니다. 애플(apple) 같은 초대형 브랜드부터 소규모 비즈니스까지 다양한 제품 혹은 중계 상품을 아마존을 통해 판매합니다. 특히 미국에서는 아마존이 없던 시대에 사람들은 대체 어떻게 쇼핑했나 하는 의심이 들 정도로 많은 사람들이 아마존을 사용합니다. 매달 돈을 지불하고 사용하는 구독 멤버십인 아마존 프라임(Amazon Prime)의 경우 2019년에만 32%의 성장세를 기록했고, 멤버십 회원 수만 무려 1억 5,000만 명에 이릅니다.

기존의 질서를 무너뜨리고 유통 시장을 장악한 아마존으로 인해, 기존 오프라인 쇼핑을 주름잡던 백화점 체인뿐 아니라 뉴욕의 소호처럼 유명한 상권들조차 위기를 맞이했습니다. 뉴욕을 대표하는 명품 백화점인 '바니스 뉴욕(Barney's NewYork)'은 파산했으며, 뉴욕 소호의 터줏대감인 '슈프림(Supreme)' 매장도 임대료 비싼 소호를 떠나 브루클린으로 위치를 옮겼죠.

현재 아마존은 2017년 인수한 식료품점 홀푸드(Whole Foods)를 제외한 네 개의 오프라인 브랜드를 가지고 있습니다. 아마존의 이름을 딴 첫 오프라인 스토어인 서점 아마존 북스(Amazon Books), 아마존의 모든 카테고리의 상품 중 별 4개 이상을 받은 상품만을 취급하는 아마존 포 스타(Amazon 4-star), 아마존 판 편의점으로 볼 수 있는 아마존 고(Amazon Go) 그리고 아마존의 팝업 형태 매장 아마존 팝업(Amazon Pop up)이 그것입니다. 상거래의 중심이 온라인으로 넘어간 이 시점에 아마존은 대체 왜 오프라인 시장 진출에 본격적인 시동을 거는 걸까요?

방대한 데이터로 성공 확률을 높이다

일반적으로 새로운 시장에 진출할 때 해당 분야의 고객층과 잠재적 수요층에 대한 조사가 선행적으로 이루어집니다. 특히 오프라인의 경우, 지역 고객층의 제품과 브랜드에 대한 선호도 조사는 필수죠.

그런 면에서 아마존은 오프라인 매장 운영에 매우 유리한 위치를 점하고 있습니다. 진출할 국가와 도시의 소비 패턴을 그 어떤 조직보다 잘 알고 있기 때문입니다. 2019년 검색 광고 시장 규모는 550억 달러였습니다. 누구나 예상할 수 있듯이 1위는 73.1%의 시장을 장악한 구글입니다. 그런데 놀라운 것은 12.9%로 2위를 차지한 것이 일반 검색 엔진 업체가 아닌 아마존이라는 점입니다. 광고 점유율 3위인 검색 엔진 빙(Bing)의 6.9%를 거의 두 배 정도 앞지르는 수치입니다.

세상 모든 정보를 검색할 수 있는 구글의 검색 키워드와 달리 아마존에서 검색되는 키워드는 거의 다 '구매행위'와 직간접적으로 연결되어 있습니다. 아마존은 방문자가 키워드를 검색하거나 구매할 때마다 소비 패턴에 대한 방대한 양의 데이터를 얻습니다. 아마존은 상대방 손에 무슨 카드가 있는지 알고 포커 게임을 하는 것이죠.

아마존의 등장으로 오프라인 유통의 강자들이 줄줄이 무너졌습니다. 그런데 정작 이들을 몰아낸 아마존은 오프라인 매장을 확대하고 있습니다. 아마존의 속마음이 궁금해집니다.

글로벌 공룡 기업의 '처음'을 만나는 곳, 아마존 북스

지난 2018년 아마존은 시애틀에 '아마존 북스(Amazon Books)' 1호점을 개장했습니다. 아마존의 창립자 제프 베조스(Jeff Bezos)가 시애틀에서 중고 도서 매매 사이트로 사업을 시작한 것을 오마주 한 듯한 행보였습니다.

아마존 북스에서는 온라인 상점에서 인기가 높고 잘 팔리는 책들과 함께 '아마존 에코(Amazon Echo)' 등 그들이 만든 다양한 사물인터넷 제품들을 판매합니다. 어떤 이들은 흥미가 가는 책들이 잘 정리되어 있고, 배송받기까지 며칠씩 기다리지 않아도 된다며 반겼죠.

하지만 어떤 이들은 오프라인 시장에 막대한 악영향을 끼친 아마존이 이제는 오프라인 시장까지 잠식하려 한다고 곱지 않은 시선을 보내기도 했습니다. 여러 우려 섞인 시선에도 불구하고 2020년 현재 아마존 북스 매장은 미국 전역에 17개가 성업 중입니다.

구매 확률 높은 제품만 엄선해 진열하는 상점, 아마존 포 스타

최고의 오프라인 매장으로 이름을 떨치고 있는 애플은 넓고 쾌적한 공간에서 소수의 제품을 마치 명품 큐레이션 하듯 진열해 놓고 판매합니다. 당장 구매하지 않아도 매장에 들어오는 순간부터 나가는 순간까지 애플이 생산한 제품의 가치와 브랜드를 체험하고 나갈 수 있도록 하는 것이 애플 매장의 존재 이유입니다.

하지만 '아마존 포 스타(Amazon 4-star)' 매장의 전략은 애플과 정반대입니다. 아마존 포 스타 매장은 이미 온라인을 통해 검증된 구매 확률이 높은 상품들로 매장을 촘촘하게 구성합니다. 책, 주방용품, 가전제품 그리고 IoT 상품까지 다양한 종류의 상품이 진열되어 있습니다. 아마존 포 스타에 들어오는 고객에게 브랜드가 지향하는 가치 혹은 방향성을 굳이 설득할 필요는 없습니다. 아마존 포 스타 스토어가 이미 해당 지역 사람들의 선호도를 데이터로 파악해 제품 라인업을 구성한 만큼, 특별한 브랜드 경험과 제품에 대한 설명이 없어도 구매로 이어지기 때문입니다. 매장에서 실제 구매가 이루어질 때마다, 아마존이 보유한 상품 판매율 데이터와 구매자의 소비 패턴이 더욱 정교해지는 구조입니다.

디지털 트랜스포메이션 시대의 쇼핑은 이렇게 바뀐다, 아마존 고

아마존의 편의점인 '아마존 고(Amazon Go)'에 입장하기 위해서는 아마존 프라임 멤버십이 있어야 합니다. 매장 안은 100% 무인 결제 시스템이어서 진열된 제품을 그냥 들고나오면 자동으로 계산이 되는 시스템입니다. 이용자가 물건을 훔치는 것 같은 묘한 감정을 주기도 하지만, 매장 전체를 감싸고 있는 센서와 '데이터 비컨(Beacon)'과 같은 근거리 통신 기술이 고객이 들고나오는 물건의 종류와 수량을 정확하게 계산해 결제하고 앱을 통해 사용자에게 알려줍니다.

아마존 고의 시스템은 사람들이 무슨 제품을 구매하는지에 대한 데이터뿐 아니라, 어떤 제품 앞에서 얼마나 머물렀고 이 제품을 장바구니에 담은 이후에 어떤 제품으로 이동해서 쇼핑을 계속했는지와 같은, 사용자 구매 패턴에 대한 데이터를 얻을 수 있습니다. 온라인에서는 파악할 수 없었던 고객의 심리적 갈등과 구매를 촉진한 요인 등을 유추할 수 있는 데이터를 얻을 수 있는 셈이죠. 온라인에서 판매가 저조한 상품이 오프라인에서 잘 팔리는 현상이 나타나거나 그 반대 현상이 발생했을 때, 아마존 고의 고객 데이터를 통해 그 이유를 찾을 수 있습니다.

새로운 비즈니스의 가능성을 평가하는 아마존 팝업

'아마존 팝업(Amazon Pop up)' 매장의 경우, 오프라인 임대료에 대한 부담 없이 다양한 시도를 위한 '테스팅 베드(testing bed)' 역할을 합니다. 새로운 상권에 진출하거나 새로운 브랜드 혹은 기능을 테스트할 때 '팝업'이라는 이름을 달고 부담없이 오프라인 스토어를 여는 것이죠. 2019년 중반까지 미국 전역에 87개의 팝업 매장을 운영했었지만 2020년 중반 현재 7곳을 제외한 대부분이 문을 닫은 상태입니다.

아마존의 오프라인 매장이 계속 늘어나고 매출이 늘어난다 해도 여전히 아마존 상거래의 중심은 온라인 플랫폼일 것입니다. 아마존은 온라인 상거래의 최강자로 군림하며 초고속 발전과 확장을 이루어왔지만, 온라인보다 오프라인 매장이 더 유리한 신선식품 같은 카테고리도 존재하고, 월마트 같은 기존의 강자들이 아마존과의 승부를 위해 엄청난 규모의 디지털 트랜스포메이션을 단행하고 있는 것도 아마존에게 큰 부담일 것입니다. 아무리 온라인 시장의 발달이 거침없다 해도, 오프라인 시장이 완전히 없어지는 일은 없을 테니까요. 그래서 아마존은 오프라인 매장을 온라인 플랫폼의 문제를 관찰하고, 해결책을 실험해보는 테스팅 베드로 활용하는 것입니다.

토스처럼 과감하게,
체이스처럼 변화무쌍하게,
페이스북처럼 야심차게

'달을 더욱 자세히 보기 위해 망원경에만 집중할 때, 달에 직접 가는 것을 목표로 하는 사람들이 있었다.'라는 당찬 캐치프레이즈로 금융의 혁신을 외친 한국의 핀테크 기업이 있습니다. 바로 '토스(Toss)'입니다.

토스는 2013년 설립된 이후, 송금 결제 분야 사업을 기반으로 현재는 보험, 은행업까지 영역을 확장한 한국 토종 유니콘 기업이죠. 토스의 창업자 이승건 대표는 '핀테크 2019 포럼'에서 토스의 송금 서비스로 대한민국 국민이 절약한 시간이 4,000년이 넘는다고 공언합니다. 토스의 금융 플랫폼으로서의 자신감은 대단합니다. 특히 막힘없는 사용자 중심의 기능과 더 나은 경험에 대한 강조를 외치는 이 회사는, 기존 한국 금융사들에게 낯선 경쟁 상대였습니다.

뛰어난 디자인으로 대중으로부터 많은 관심과 지지를 얻는 데 성공한 토스는 '금융 카르텔'이라 불리던 기존 금융권의 공고한 성벽마저 뚫고 놀라운 성장을 이루고 있습니다. 잘 디자인된 서비스 경험이 사용자에게 주는 만족도가 브랜드 가치를 높이는 일등 공신이었습니다. 한국에서 단기간에 토스 같은 유니콘 기업이 탄생하고 성장한 것은 축복할 일입니다. 그러나 업계 전체를 봤을 때는 안타까운 점이 많습니다. 전 세계적으로 디지털 트랜스포메이션이 빠르게 이루어지고 있는 분야 중 하나가 금융인데 한국 금융의 디지털 전환은 매우 소극적인 편이기 때문입니다. 세계가 하나의 경제권이 된 만큼, 진지하게 고민해야 할 문제입니다.

200년 전통의 금융회사의 지상 과제도 디지털 트랜스포메이션

세계 최고의 금융기업으로 불리는 제이피모건 체이스 은행(JP Morgan Chase Bank)은 디지털 트랜스포메이션을 통해 빠르고 성공적으로 디지털 시스템과 사용자 경험을 개선했다고 평가받습니다.

체이스 은행은 테크 기업의 DNA를 갖고 최근 탄생한 회사가 아니라, 1799년 설립된 은행 지주사 더 맨해튼 컴퍼니(The Manhattan Company)와 체이스 내셔널 뱅크가(Chase National Bank)가 1955년 합병하며 탄생한 전통적 은행입니다. 체이스의 최고 정보 책임자(Chief Information Officer)인 로리 비어(Lori Beer)에 따르면, 체이스의 전산 시스템을 통해 하루 6조 달러의 금액이 이동한다고 합니다.

가늠하기조차 어려울 정도의 이 엄청난 돈을 운용하는 체이스는 어느 순간부터 더이상 스스로를 '일반적인 은행이 아니다'라고 이야기합니다. 체이스 은행은 테크 기업이고 본인의 경쟁 상대는 기존 은행권이 아닌, 구글이나 페이스북 같은 테크 회사라는 것입니다. 체이스 은행은 실제로 2019년 기준 53,000명의 테크 전문 인력을 고용한 상태며, 1년에 116억 달러를 디지털 트랜스포메이션에 투자하고 있습니다. 앞으로 그들의 테크 전문 인력 고용과 투자 규모는 더욱 상승할 것입니다. 시시각각 변하는 세상에서 디지털 트랜스포메이션의 힘을 활용해 금융업계를 적극적으로 선도하겠다는 계획입니다.

이제는 화폐 발행까지? 페이스북의 야심찬 행보

페이스북은 2019년 가상화폐 '리브라(Libra)'를 세상에 공개했습니다. 블록체인(Blockchain) 기술을 활용한 암호화폐는 여럿 있었지만, 그중 가장 큰 영향력을 자랑하는 비트코인(Bitcoin)도 활용도가 불분명하다는 이유와 여러 정치적, 사회적 문제로 인해 대부분의 국가에서 정식 통화로 인정받지 못하고 있습니다. 그런데 세계 최대의 소셜 네트워크 플랫폼인 페이스북이 이러한 가상화폐의 개발과 적용에 앞장서겠다는 포부를 밝혔습니다. 온라인 금융 거래의 가장 취약한 부분인 보안을 블록체인 기술으로 개선해, 전 세계 사람들이 마음 놓고 송금과 상거래를 할 수 있게 만들겠다는 것입니다.

페이스북은 리브라를, 가치 안정성 문제를 보완하기 위해 달러의 가치를 1:1로 반영하는 스테이블 코인이라고 설명합니다. 하지만 리브라 활용 계획은 생각만큼 순탄치 않은 상황입니다. 미국과 유럽 등의 국가들이 페이스북의 리브라 도입에 반대하고 있기 때문이죠. 페이스북의 이러한 움직임은 유럽 전역의 금융 정책에 예상치 못한 큰 변수를 가져올 수도 있고, 군사력과 더불어 미국의 가장 강력한 무기 중 하나인 달러가 가진 기축통화로서의 권위에 대한 정면 도전이기도 하니까요. 미국 입장에서는 통화 정책을 담당하는 연방준비제도(Federal Reserve System)의 기능을 페이스북이 일정 부분 대신하겠다는 계획을 모른 체 할 수는 없을 것입니다.

하지만 이러한 부정적 시각과 반대로 우버(Uber), 쇼피파이(Shopify) 파팻치(Farfetch)와 같은 거대 테크 회사들은 이미 페이스북의 리브라와 정식 파트너 계약을 체결한 상태입니다. 시대의 변화를 국가가 억지로 막는 것에는 한계가 있다고 생각하기 때문입니다. 언젠가는 리브라를 자유롭게 그들의 플랫폼 안에서 활용하겠다는 계획이죠.

이제는 금융과 테크를 때어 놓고 이야기할 수 없는 세상입니다. 금융 환경의 디지털화는 우리가 이전에 상상하지 못했던 많은 가치를 창출해낼 것입니다. 나는 새도 떨어트린다는 기존의 금융 카르텔도 디지털 세상의 변화에 적응하지 못한다면 역사의 뒤안길로 사라질 수 있습니다.

디지털 시대에 적응하지 못한 글로벌 기업들의 몰락을 우리는 여러 차례 보았습니다. 금융업이 살아남기 위해서는 토

비트코인과 블록체인 기술이 기존의 금융권 세력을 무너뜨릴 것이라는 예상은 빗나갔습니다. 2019년, 세계 최대의 소셜 네트워크 플랫폼 페이스북은 비트코인의 한계를 뛰어넘는 가상화폐 리브라를 발표하여 기대를 모았지만 아직까지는 기대만큼의 반향을 불러일으키지는 못하고 있습니다. 오랫동안 권력을 누렸던 이들과의 대립은 디지털 트랜스포메이션에 앞장서는 기업들의 숙명인가봅니다.

스처럼 과감해야 하고, 체이스처럼 변화해야 하며, 페이스북 같은 야심을 가져야 합니다. 토스처럼 혁신의 DNA가 내재된 핀테크 회사, 체이스 은행처럼 적극적으로 디지털 트랜스포메이션하고 있는 전통의 강자, 그리고 페이스북처럼 전 세계 금융 주도권을 노리는 테크 자이언트의 경쟁과 공존이 현재 글로벌 금융의 모습이기 때문입니다.

Chapter 4

디지털 트랜스포메이션 시대의 디자인과 일

새로운 시대의 디자인 방향

"오늘 혁명적인 신제품 세 개를 소개합니다."

2007년 1월 9일 애플의 맥 월드(MacWorld) 행사에서 스티브 잡스는 말했습니다. 그가 말한 3가지 상품은 터치스크린이 가능한 넓은 스크린의 아이팟, 혁명적인 모바일 폰, 기존의 틀을 깬 인터넷 통신기기였습니다. 연달아 "아이팟, 폰, 인터넷 커뮤니케이터!"를 외치며 흥분한 객석을 향해 이렇게 질문을 던집니다.

"무슨 말인지 이제 아시겠죠?"

스티브 잡스. 그는 누가 뭐래도
디지털 세상을 연 일등공신입니다.
아이폰이 이렇게 세상에 큰 영향을
미칠 줄 그는 알고 있었을까요?

그리고 '이 세 가지가 각각의 다른 기기가 아닌 하나이고 우리는 그것을 아이폰(iPhone)이라고 부릅니다.'라고 말하며 아이폰의 역사적인 탄생을 공개했습니다. 오랜 시간이 지난 것 같지만, 불과 13년 전의 일입니다.

스마트폰의 시대가 도래하기 이전에 우리는 컴퓨터를 통해야만 인터넷에 접속할 수 있었습니다. 하지만 아이폰 등장 후 스마트폰이 빠르게 보급되면서 2020년 기준 전 세계 35억 명이 스마트폰을 쓰고 있는 것으로 추정됩니다. 이제는 스마트폰뿐만 아니라 웨어러블 디바이스 혹은 사물인터넷 기기처럼 다양한 종류의 디지털 플랫폼이 우리 삶에 들어와 있죠.

디자인은 기본적으로 사람과 사람, 사람과 기술, 기술과 기술을 이어주는 '선'과 같은 역할을 합니다. 전달하고자 하는 메시지를 더 강력하게 만들어주기도 하고, 사람들이 도달하고자 하는 본질에 더 빠르게 가는 길을 제시하기도 합니다. 디자인 측면에서 보면 시대가 달라지는 것은 연결해야 하는 주체의 속성이 바뀌고, 제시해야 하는 방향이 달라지는 것입니다. 그렇다면 지금처럼 끊임없이 변화하는 시대에 디자인은 어떠한 방향성을 염두에 두고 발전해야 할까요?

모두를 위한 디자인

우리가 사는 세상은 하나의 사상과 양식만으로 전체를 대변하거나 해석하기 어렵습니다. 변화가 일어나기 힘들었던 과거와 다르게 빠르고 큰 규모의 변화가 자주 일어나는 지금은 다양한 시대정신과 가치가 공존합니다. 성 정체성은 여성과 남성으로만 나눠지 않고, 어떠한 이념도 절대 선 혹은 절대 악으로 규정되기 어렵습니다. 그런 만큼 많은 사람이 사용하는 무언가를 디자인하기 위해서는 다양성을 고려한 포용적 접근이 필요합니다.

예를 들어 디지털 서비스를 설계할 때, 문화권에 따라 텍스트의 적용 방향이 왼쪽에서 오른쪽으로, 오른쪽에서 왼쪽으로 혹은 위에서 아래로 이어지는 다양한 방식을 담을 수 있는 유연한 시스템이 필요합니다. 또, 일러스트레이션도 기존의 관습적 종교, 성, 인종의 인식에 구애받지 않는 중립적 방향을 취해야 합니다.

관습적 성 정체성이 적용된 출근하는 남성과 집안일하는 여성의 모습, 덩치 큰 흑인, 키 작고 마른 동양인 같은 묘사는 옳지 않은 방식입니다. 피부 색에 대해서도 '살색'이란 무엇인가를 잘 생각해보아야 합니다. 사람의 살색은 한두 가지로 규정될 수 없기 때문입니다.

애플은 몇 해 전부터 이모티콘을 사용할 때 사용자가 본인이 원하는 피부 톤을 직접 지정할 수 있는 옵션을 제공했습니다. 또, 아이폰 안에서 본인의 아바타를 생성할 때도 사용자가 선택할 수 있는 피부 톤은 셀 수 없이 많습니다.

개인을 위한 디자인

'모두를 위한 디자인'과 '개인을 위한 디자인'은 얼핏 들으면 대립하는 이야기 같지만, 실제로는 그렇지 않습니다. 모두를 위한 디자인은 차별 없는 디자인을 지향한다는 말이고 개인을 위하는 디자인은 모든 사용자를 특별하게 대접하는 경험을 설계한다는 말이기 때문입니다.

인공지능과 데이터 솔루션의 발달은 사용자들의 취향과 패턴을 디지털 서비스가 이해하고 적용할 수 있도록 발전해왔습니다. 예를 들어 넷플릭스 같은 동영상 서비스를 사용할 때 내가 경험하는 콘텐츠와 다른 아이디의 사용자가 경험하는 콘텐츠는 다릅니다. 내가 보는 콘텐츠, 내가 머무르는 섬네일, 내가 서비스를 사용하는 지역과 시간 등에 따라 내가 선호할 만한 맞춤형 콘텐츠를 보여주기 때문입니다. 누가 더 좋은 것을 대접받는 것이 아닌, 개인의 취향에 따른 맞춤형 메뉴가 제공되는 경험이죠.

개인을 위한 디자인에서는 사용자 플랫폼의 종류에 따라 다른 경험을 제공해야 합니다. 디지털 플랫폼은 끊임없이 진화하기에 평면, 입체, 음성 등을 고려한 다중 플랫폼 경험을 염두에 두고 디자인하는 것이 좋습니다.

같은 콘텐츠라도 PC 모니터에서 경험할 때와 모바일 기기에서 경험할 때, 그리고 가상·증강현실에서 경험할 때 그 플랫폼에 맞게 조형된 형태로 제공해야 합니다. 바다에서 헤엄치는 돌고래 떼를 모바일 기기로 구현한다면 평면적인 이미지가 되겠지만, 가상현실 기기에 맞추려면 돌고래 떼와 함께 바닷속에서 수영하는 듯한 이미지를 구현해야겠죠. 이렇게 사용자의 선호에 맞는 콘텐츠를 만들어 사용자가 원하는 플랫폼에서 즐길 수 있는 디자인을 제공해야 합니다.

연결을 위한 디자인

기술의 발전에 따라 현재 플랫폼은 더욱 정교해질 것이고, 혁명적인 플랫폼도 계속 등장할 것입니다. 여기서 디자인의 역할은 '얼마나 더 빨리 새로운 기술과 인간을 연결하는가'가 될 것이며, 감각적인 차원에서 사용자가 낯설지 않게 접근할 수 있도록 하는 것이 큰 과제가 될 것입니다.

초창기 모바일 운영체제(OS)에서 계산기의 인터페이스를 실제 계산기처럼 만든 것 같은 스큐어몰피즘(Skeuomorphism: 실제 사물과 비슷하게 디자인하는 방식) 아이콘은 좋은 예시입니다. 아이콘이나 인터페이스를 실제 존재하는 사물처럼 만듦으로써 사용자가 직관적으로 인식하고, 사용할 수 있게 합니다.

친근감 있는 일러스트레이션이나 캐릭터를 활용해 사용자들의 거부감을 낮추는 것도 연결을 위한 좋은 디자인입니다. 첨단 기술을 바탕으로 한 새로운 서비스라고 해서, 접근 방법까지 인류가 처음 접하는 형태일 필요는 없습니다. 오히려 사용자가 신기술에 쉽게 접근할 수 있도록 진입장벽을 낮추고 사용성을 높이는 디자인이 큰 경쟁력이 될 것입니다. 네이버에서 새로운 서비스를 론칭할 때 라인의 캐릭터가 서비스의 기능을 친절하게 설명해 주거나, 이미 사용되고 있는 IoT 스피커에 안내 멘트를 삽입하는 것이 예입니다.

'격세지감'이라는 말이 지금처럼 어울리는 시대가 또 있을까요? 10년이면 강산도 바뀐다고 하는데, 디지털 시대에는 10년 동안 온 세상이 몇 번이고 바뀔 수 있을 것 같다는 생각이 듭니다. 하지만 이 변혁의 시대에서조차 그 중심은 여전히 사람이고 앞으로도 그래야 합니다. 사람을 위한 발전이 아닌 기술을 위한 발전은 사람들의 기대에 역행하는 결과를 초래할 테니까요. 디지털 시대의 디자이너는 인본주의를 바탕으로 한 디자인을 통해 기술과 사람을, 사람과 사람을 효과적으로 연결하고, 선순환을 이어갈 수 있도록 도와야 합니다.

인공지능 시대
디자이너의 자세

인공지능이 인간의 일자리를 빼앗을 것이라 사람들은 말합니다. 물론 이 이야기는 직종에 따라 일정 부분 현실이 될 수도 있습니다. 하지만 인간의 일자리와 기술의 발전이 언제나 배척점에 있는지는 신중히 고민해보아야 합니다. 인공지능의 발달로 인해 일자리가 사라지기도 하지만, 새로운 일자리가 생기기도 하고 기존 직업의 개념이 바뀌기도 하기 때문입니다.

미국 캘리포니아 롱비치 항구는 매년 2,000억 달러 규모의 컨테이너 물동량을 처리합니다. 국제 교역량이 매년 증가하면서 처음 항구가 만들어졌을 때 예상했던 것보다 훨씬 더 많은 컨테이너가 오가고 있으며, 배 크기도 항구 설계 당시에 비해 7배

커졌다고 합니다. 하지만 이 항구에서는 매년 늘어나는 컨테이너의 양이 큰 문제가 되지 않습니다. 세계 최초로 인공지능을 활용해 로지스틱스 시스템의 완전 자동화를 구축했기 때문입니다.

인공지능은 좋은 동료. 인간만이 할 수 있는 일은 사라지지 않습니다

10대의 크레인과 50대의 자율주행 수송 트럭이 인공지능의 힘을 빌려 컨테이너를 3,000곳으로 이동시킵니다. 컨테이너의 하역 및 분배 작업을 기계가 도맡아 하는 것이죠. 분류와 하역작업에서 인간의 노동력에 의존하는 비중은 확실히 줄어들었지만 다른 부분에서 인간의 노동력은 여전히 필요합니다. 어떤 크레인을 어디에 배치할지 결정하거나 인공지능 로지스틱스 시스템을 어떻게 적용할지 계획하고 감독하는 컨트롤 타워의 역할은 사람이 합니다. 또한, 자율주행 트럭과 여러 부품이 원활히 작동할 수 있게 유지 보수하는 것 역시 사람의 역할입니다.

복잡하고 위험한 작업에서 인공지능을 이용해 효율과

안전성을 높인 것이지, 항만 로지스틱스 시스템 자체에서 인간의 역할이 완전히 사라진 것은 아닙니다. 이렇게 목표를 이루기 위해 인공지능과 사람은 상호 보완적인 관계를 유지하고 있죠.

인공지능과 일하는 시대 디자이너의 역할

디자인 업계에도 인공지능이 속속 도입되고 있습니다. 디자이너는 인공지능으로 인해 어떤 변화를 겪게 될까요?

디자인은 '문제를 해결하기 위한 방법'입니다. 저는 디자이너들이 인공지능을 이용해 더 다양하고 효과적인 도구로 문제를 해결할 수 있으리라 기대합니다. 인공지능을 디자인에 활용하는 방법 중 '제네레이티브 인공지능(Generative A.I.) 디자인'이 있습니다. 알고리즘을 활용한 디자인 생성 시스템으로, 여러 조건과 변수를 설정하면 인공지능이 수많은 디자인 결과를 생성해내죠.

디자인 소프트웨어 회사인 '오토데스크(Autodesk)'와 미디어 회사인 '밴디토 브라더스(Bandito Brothers)'는 세계 최초로 제네레이티브 인공지능을 활용한 자동차 디자인을 선보였습니다.

밴디토 브라더스는 경주용 차량의 모든 부위에 수백 개의 디지털 신경 회로를 설치해 모하비 사막으로 가져가 일주일 간 주행했습니다. 그리고 강도 높은 주행으로 얻어진 데이터를 드림캐처(Dreamcatcher)라는 오토데스크의 인공지능 솔루션에 입력해, 사용 목적과 상황에 맞는 다양한 디자인을 생산해냈죠. 항공기 제작사 '에어버스(Airbus)'의 신형 A320 항공기에 설치된 기내 칸막이도 이러한 제네레이티브 디자인의 힘을 빌려 제작되었습니다. 이를 통해 기존의 칸막이에 비해 무게는 절반으로 줄었지만, 강도는 두 배가 되었습니다.

두 결과물 모두 사람의 감각적 스케치가 아닌, 데이터 수집과 인공지능의 도움으로 디자인을 완성하는 방식입니다.

인공지능이 디자인 자동화에 미칠 긍정적인 영향

인공지능의 적용으로 지금의 디자인 툴이 지닌 단점들도 개선될 것입니다. 기존 디자인 프로그램은 오래 지속되어 온 관습적 기능을 제거하지 못해 사용자가 쓰지 않는 많은 기능이 프로그램을 무겁고 불편하게 만드는 단점이 있습니다. 하지만 앞으로는 이러한 비효율적인 프로그램을 사용하는 대신 인공지능 어시스턴트와 대화하듯 무언가를 디자인해나갈 것입니다.

2019년 세계적인 디자이너 필립 스탁(Philippe Starck)과 가구 회사 카르텔(Kartell)이 함께 출시한 세계 최초의 인공지능 디자인 의자가 그 예시입니다. 필립 스탁은 인공지능을 활용해 디자인하는 과정이 마치 다른 인간과 대화하며 디자인하는 느낌이었다고 밝히기도 했죠.

플랫폼에 적합한 디자인을 위해 디자인 툴도 계속 진화하고 있습니다. 스페이스X는 로켓 엔진을 디자인할 때 핸드모션 캡처와 3차원 렌더링 프로그램을 연결해 실시간으로 엔진의 3차원 구조를 체크하며 완성했죠. 이처럼 3차원 상의 무언가를 디자인하기 위해 2차원 평면 스크린에서 디자인하지 않고, 3차원에서 디자이너가 겉과 속을 자유롭게 들여다보며 디자인하는 방식이 보편화될 것입니다. 여기에 인공지능의 도움이 더해져 디자이너가 2차원과 3차원을 경계 없이 넘나들고 수많은 결과물을 실시간으로 분석하며 디자인하는 환경이 조성될 것입니다.

통합적인 사고와 탁월한 안목을 가진 디자이너에게는 좋은 기회가 될 것입니다

디자인 프로세스에서 인공지능의 적용과 디자인 툴의 발전으로 디자이너의 역할도 달라질 것입니다. 무언가를 빠르게 시각적으로 그려내거나 디자인 툴로 빠르게 프로토타입을 만드는 것에서 어떤 방향으로 디자인을 할지 설정하고, 그에 맞는 데이터를 모으는 형태로 바뀔 것입니다. 무언가를 빠르고 완성도 높게 만들어내는 능력보다 시대에 맞는 접근법을 선택하거나 인공지능이 만들어내는 다양한 결과물 중에 좋은 것을 선택할 수 있는 안목이 디자이너에게 더 필요한 가치가 될 것입니다.

한편, 인공지능을 활용한 디자인과 생산 과정의 혁명으로 원하는 것을 빠르게 만들 수 있는 환경이 조성된 만큼 신중한 선택이 뒤따라야 합니다. 이제 디자이너는 각각의 제품을 따로 만들어 조립할지 아니면 3D프린팅처럼 물체를 하나의 구조로 만들지부터, 하나의 제품을 만들거나 유지하기 위해 환경을 얼마나 파괴하게 될 지까지 고려해야 하죠. 이는 디자이너에게는 새로운 기회이자 도전이 될 것입니다.

복잡한 문제를 정확하게 해결하는 인공지능의 장점과 감각적으로 무언가를 연결하는 능력을 지닌 디자이너의 장점은 확연히 다릅니다. 서로의 다른 점을 보완하며 한 발짝씩 나아가는 프로세스를 확립하는 것이야말로 앞으로의 디자이너에게 필요한 역량 아닐까 합니다.

차원을 디자인하기 위해 고려해야 하는 것들

포브스(Forbes)에 따르면 2023년까지 전 세계 인구의 2%가 가상현실 기기를 사용하게 될 것이라고 합니다. 그러나 여전히 가상·증강현실 속 사물과 환경은 허구처럼 느껴지는 것이 사실입니다.

많은 엔지니어와 IT기업들이 디지털 환경에 필요한 물리적 속성을 더함으로써 가상과 실제를 효과적으로 잇기 위한 연구를 계속하고 있습니다. 사람들이 가상·증강현실을 통해 다른 차원을 보다 편히 활용하기 위해 디자인 측면에서는 어떤 고민을 해야 할까요?

시각적인 측면에서 고려할 것

가상 · 증강현실에서 사용자가 가장 많이 의존하는 감각은 '시각'입니다. 많은 상호작용이 눈으로 보는 것에서부터 시작되기 때문이죠. 일반적인 디지털 프로덕트를 디자인할 때는 레이아웃의 구성과 서체, 색상의 선택 등이 가장 먼저 고려할 요소입니다. 하지만 2차원의 레이아웃이 3차원 환경으로 바뀐다면, 고려해야 할 것들이 완전히 달라집니다. 사물의 모습을 360도로 구성해야 하고, 주변 환경, 빛의 강도, 사용자의 초점 등을 고려하며 디자인해야 합니다. 보는 시점에 따라 레이아웃이 계속 달라지기 때문에 사용자의 초점에 맞춰 환경을 새롭게 구성하고, 시야도, 가용 범위 등도 설정해야 합니다.

인터렉션의 가용 범위는 고정형과 비고정형으로 나뉩니다. 고정형은 정해진 위치나 스크린 밖을 나가면 보이지 않는 방식이고, 비고정형은 사용자 주변 모든 방향과 범위에서 인터렉션이 가능한 방식입니다.

가상 · 증강현실은 일반적으로 우리가 모니터를 볼 때와 다르게 눈에서 가까운 디스플레이로 화면을 보기 때문에 신체의 반응이 더 즉각적으로 올 수밖에 없습니다. 사물이 눈 앞으로 빠르게 돌진했을 때, 위협을 느낄 수 있어 장시간 사용하면 피로와 어지러움을 느끼게 됩니다. 이러한 특징 때문에 가상·증강현실 기술이 접목된 액션 게임을 할 때 박진감을 느끼면서 한편으로는 불편함을 겪기도 합니다.

일반적인 콘텐츠 인터렉션의 경우 콘텐츠가 공간 안에서 앞뒤로 움직이기보다는 좌우로 움직이는 것이 사용자에게 더 안정적입니다. 그리고 사용자의 피로도를 낮출 수 있게 사물의 반응 속도에 시간차를 두어 눈이 익숙해질 여유를 줘야 하죠. 이러한 부분들을 디자인에 적용함으로써 가상·증강현실의 시각적 피로도를 줄여 사용자가 더 오랜 시간 불편함 없이 사용할 수 있게 해야 합니다.

조작 방식 디자인

지금의 가상현실과 증강현실의 조작 방식에는 약간의 차이가 있습니다. 가상현실은 컨트롤 기기를 활용하고, 증강현실은 사용자

3년 안에 가상현실, 증강현실을 적극적으로 활용하는 인구가 폭발적으로 늘 것이라고 합니다. 지금은 게임이나 체험 수준이지만 다양한 콘텐츠가 개발되면 교육, 여가활동 등에 유용하게 활용될 것으로 보입니다. 일하는 사람들에게는 새로운 매체가 탄생하는 지금은 아주 좋은 기회일 수도 있습니다.
2007년, 세상에 아이폰이 소개된 그때처럼요.

의 손으로 인터랙션을 합니다.

가상현실 컨트롤러를 사용하는 경우 기기에 부착된 버튼과 여러 센서를 통해 명령을 내리고 아웃풋을 낼 수 있습니다. 그래서 가상현실 컨트롤러는 명령을 적게 내리고, 정확한 조종이 필요한 경우에 활용도가 높죠. 그러나 구현할 수 있는 기능의 수가 정해져 있고, 양손에 컨트롤러를 들고 있어야 하는 만큼 피로감이 빨리 올 수 있다는 단점이 있습니다.

증강현실처럼 사용자의 맨손 움직임을 카메라와 동작 감지 센서가 측정하는 방법이 앞으로 더 발전하리라고 봅니다. 헤드셋에 장착된 모션 센서와 카메라가 발달할수록, 사용자의 손을 활용한 인터렉션의 자유도는 더 향상될 것입니다.

가상 · 증강현실 기기에 더 성능 좋은 카메라와 예민한 센서가 장착되고, 소형화, 경량화되다보면 결국 가상 · 증강현실은 추가적인 기기 필요 없이 손의 움직임과 음성 명령만으로 컨트롤할 수 있는 방향으로 발전할 것입니다.

사운드 디자인

가상 · 증강현실을 디자인할 때 중요한 또 다른 요소는 '소리'입니다. 가상 · 증강현실의 경우 헤드셋이 사용자의 시야를 제한하는 경우가 있어서 소리를 통해 사용자의 인지를 도와야 합니다. 그래서 서라운드 사운드 시스템을 활용해 소리의 종류, 크기, 위치, 지속 시간 등을 구성하여 사용자의 행동이 시스템에서 어떻게 적용되었는지 확인하거나, 사물이 가시범위 밖에 있음을 알려주는 등의 용도로 소리가 디자인되죠.

소리를 통해 의도적인 불편함을 만들기도 하고, 같은 기능이라도 상황에 따라 다른 소리를 내는 등의 다양한 디자인 시나리오를 구축합니다. 소리는 사용자에게 정보를 전달할 뿐 아니라, 손으로 하지 못하는 여러 기능도 보조합니다. 인공지능 어시스턴트가 더 발달하면 가상 · 증강현실 체험 중에 소리를 통해 플랫폼을 넘나들며 커뮤니케이션할 수도 있게 될 것입니다. 이처럼 가상 · 증강현실에서 소리는 몰입감 있는 경험을 제공하는 필수 요소이기에 많은 회사에서 사운드 디자이너를 고용해 공을 들이고 있습니다.

앞으로 가상·증강현실 기술과 콘텐츠는 계속해서 발전할 것입니다. 마이크로소프트, 애플, 페이스북 등 많은 IT기업이 가상·증강현실에 경쟁적으로 투자를 하고 있습니다. 물론 지금은 기술적 한계가 있어 커다란 헤드셋과 장치들을 착용하고 체험하는 모습이 다소 우스꽝스러워 보이기도 하지만, 앞으로 장비는 소형화될 것이고 우리의 동작과 명령을 감지하는 센서는 더 정교해질 것입니다. 불과 10여 년 사이에 2G폰에서 스마트폰 시대로 전환된 것처럼 가상·증강현실의 범용적 확산도 순식간에 이루어질지 모릅니다. 이 새로운 차원의 활용도를 높이기 위해서는 디자인을 다각적인 측면에서 접근해야 합니다.

페이스북의
새로운 디자인 시스템

2019년 11월 페이스북이 지주회사인 '페이스북 컴퍼니(Facebook Company)'의 브랜드 로고를 공개했습니다. 기존의 페이스북 앱 로고를 리브랜딩 한 것이 아니라 페이스북 컴퍼니의 로고를 새롭게 소개한 것입니다. 페이스북 컴퍼니는 페이스북의 모든 회사를 거느리고 있는 지주회사입니다. 페이스북 앱과 인스타그램 앱을 포함한 다양한 프로덕트를 총괄 관리하고 있죠. 구글의 지주회사인 알파벳(Alphabet)이 구글의 검색, 안드로이드, 하드웨어 등의 라인업을 포괄하는 것과 같은 개념입니다.

페이스북 그룹의 구조는 생각보다 복잡합니다. 페이스북이 현재 공식적으로 운영하는 프로덕트는 40여 개입니다. 이

중에는 인스타그램, 왓츠앱, 페이스북 메시지, 페이스북 페이지 같은 우리가 흔히 들어본 프로덕트도 다수 존재하지만, 블루프린트, 오리가미, 아틀라스 같은 생소한 프로덕트도 있습니다. 페이스북 컴퍼니라는 회사 안에 있지만 다루는 영역이 각각 다른 만큼, 브랜딩 스토리 또한 일관적이지 않아 보이네요. 다소 복잡해보이는 기업의 브랜딩과 프로덕트의 상관관계를 구조적인 시각으로을 바라보기를 권합니다.

기업의 브랜딩 레벨

일반적으로 기업의 브랜딩은 세 가지 레벨로 나눌 수 있습니다.

첫째, 브랜드(Brand) 레벨입니다. 위에서 언급한 구글의 알파벳, 페이스북의 페이스북 컴퍼니 같은 식의 최상위 개념의 브랜딩이 여기에 속하죠. 브랜드 레벨을 위한 브랜딩에서 특정 서비스나 기능을 강조할 필요는 없습니다. 브랜드가 추구하는 가치와 철학을 담는 것이 과제죠.

페이스북의 경우 '사람들에게 커뮤니티를 구축할 힘을

주고 세상을 더 가깝게 만들자(Give people the power to build community and bring the world closer together.)'라는 기업의 미션을 바탕으로 이 가치에 부합하는 다양한 형태의 브랜딩을 하고 있습니다.

둘째, 스위트(Suite) 레벨입니다. '달콤함'을 뜻하는 단어 '스위트(Sweet)'가 아닌, 상위 개념의 그룹을 지칭하는 스위트(Suite) 입니다.

페이스북의 경우 인스타그램 스위트 안에 인스타그램 라이브, 인스타그램 쇼핑, 인스타그램 광고 등의 서비스가 개별 프로덕트 레벨로 나뉘어 있습니다. 이 스위트 레벨의 프로덕트는 그룹 형태의 서비스로 판매되는 경우도 많습니다. 어도비(Adobe)의 크리에이티브 클라우드(Creative Cloud) 스위트 안에 포토샵(Photoshop), 일러스트레이터(Illustrator), 엑스디(XD), 인디자인(InDesign) 등의 여러 하위 프로덕트가 포함되는 것처럼 말이죠. 스위트 레벨은 각각의 프로덕트가 지닌 기능과 속성이 하나로 합쳐져 만들어내는 가치에 대한 브랜딩입니다.

셋째, 프로덕트(Product) 레벨입니다. 프로덕트 레벨에서는 사용자층과 기능에 대한 포커싱이 필요합니다. 구체적으로 사용자가 이 프로덕트와 기능을 사용해 어떤 것을 이룰 수 있는지

facebook

FACEBOOK

페이스북 컴퍼니의 구 로고(위)와 새로운 로고(아래).
비슷해보이지만 색상 변화, 글자 간의 간격 조정 등을 통해
자신들이 추구하는 새로운 방향을 표현했습니다.

직접적으로 전달하는 것이 중요하죠. 페이스북이 이번에 론칭한 데스크탑 버전의 메시징 앱이 다른 커뮤니케이션 앱에 비해 어떤 장점이 있고, 얼마나 더 나은 사용자 경험을 선사하는지 등을 강조하는 브랜딩이 프로덕트 레벨의 예입니다.

페이스북은 40여 개의 프로덕트와 여러 덩치 큰 스위트를 하나로 묶어줄 수 있는, 브랜드 레벨의 접근이 필요했습니다. 페이스북 앱(메시징)의 디자인을 오큘러스(VR 프로덕트)나 왓츠앱(메신저 앱)처럼 기능과 디자인에서 차이가 있는 다른 스위트 군에 억지로 끼워맞추는 것은 불가능에 가까웠을 것입니다. 그래서 브랜드를 하나로 통일하기 전에 그룹 차원에서 서로 간의 접점을 마련하고 그 접점을 바탕으로 브랜드 레벨의 브랜딩을 추구한 것이죠.

페이스북이 새로운 로고를 통해 구현하고자 한 가치

페이스북은 페이스북 컴퍼니 브랜드를 이렇게 소개합니다.

"A NEW BRAND SYSTEM DESIGNED FOR CLARITY, INSPIRED BY PEOPLE.(사람에게 영감받은, 명료함을 추구하는 새로운 디자인 시스템.)"

'명료함 추구'라는 가치는 커스텀 타이포그래피로 만들어진 페이스북 컴퍼니의 로고의 서체로 표현했습니다. 모서리 부분이 약간 둥글고, 글자를 구성하는 선들에도 커브가 있지만 과하진 않습니다. 그 덕분에 순해 보이지만 허술해 보이진 않죠. 자간 사이를 넓게 잡아서 페이스북이 강조하는 디자인 원칙 중 하나인 '공간을 만들다: 사람과 그들의 이야기를 돕는 디자인(Creating Space: design that supports people and their stories)'을 시각적으로 구현했습니다.

이 로고가 지닌 유연한 접근성 덕분에 어디에나 쉽게 적용이 가능합니다. 페이스북이 밝힌 디자인 원칙 중 '공감: 맥락과 환경을 고려한 공감의 디자인 시스템(Empathy: a system that is respectful of context and environment)'같이, 맥락을 중시하는 디자인입니다. 간단한 색상 변화만으로도 맥락은 살아나고 시스템은 더 견고해졌습니다. 각 하위 브랜드의 개성도 살릴 수 있고요.

이번 페이스북 컴퍼니의 새로운 브랜딩 작업은 전 세계 사용자들에게 노출되는 디자인이기 때문에 호불호가 나뉠 것입니다. 아무리 객관적인 시선으로 사용자 테스팅과 리서치를 반복해서 진행하더라도 결국에 받아들이는 사람에 따라 주관적으로 해석될 수 있기 때문입니다. 하지만 브랜드의 시스템적 맥락에서 보면 페이스북의 이번 브랜딩은 여러 프로덕트 군을 아우르고, 모기업의 가치도 효과적으로 표현할 수 있다는 점에서 좋은 결정으로 보입니다.

디지털 시대의
브랜딩 적용

"만약 사람들이 회사의 가치에 공감한다면, 그들은 그 브랜드 곁에 언제나 함께 할 것입니다.(If people believe they share values with a company, they will stay loyal to the brand.)"

— **하워드 슐츠(Howard Schultz)**

브랜드가 추구하는 가치가 사람들에게 어떤 영향을 미치는지 잘 말해주는 하워드 슐츠 전 스타벅스 CEO의 말입니다. 브랜드(Brand)와 브랜딩(Branding)은 비슷해 보이지만 다른 뜻을 가지고 있습니다. 브랜드는 지향점이자 지속적인 행위를 통해 만들어나가는 가치입니다. 사람들이 그 대상을 떠올릴 때 연상하게 만드는 추상적 개념이죠. 브랜딩은 이러한 가치와 지향점이 잘 만들어질 수 있도록 하는 전략, 그리고 실천적 행위입니다.

브랜드 아이덴티티(Brand Identity), 브랜드 마케팅(Brand Marketing), 사용자 경험(User Experience) 개선 등이 모두 브랜딩의 영역입니다. 브랜딩 작업을 통해 브랜드에 어떠한 긍정적 효과를 이끌어낼 수 있을까요?

브랜딩을 통해 경쟁에서 차별점을 만들거나 상대적 우위를 점할 수 있습니다

공유 택시 서비스의 선두주자인 '우버(Uber)'와 후발 경쟁사인 '리프트(Lyft)'를 예로 들어보겠습니다.

기능적인 면이나 비즈니스 모델적인 면에서 사실상 이 두 회사의 차이점은 존재하지 않습니다. 얼마나 많은 사용자를 자사의 고객으로 만드는지가 관건인 시장이죠. 우버는 창립 이래 몇 차례 리브랜딩 작업을 했고, 2020년 현재 사용 중인 디자인은 지난 2018년 단행한 브랜드 아이덴티티(BI) 결과물입니다. 우버 브

Uber

lyft

우버의 로고(위)와 리프트의 로고(아래).
우버는 간결하고 무게 있는 디자인을,
리프트는 밝고 경쾌한 디자인을 채택했습니다.
로고 모양과 색만 봐도 그들의 고객이 누구인지
추측할 수 있을 정도로 명쾌한 브랜딩입니다.

랜딩의 방향은 이전의 친근하고 컬러풀한 색상과 일러스트 등을 과감하게 벗어던지는 것이었습니다. 이에 따라 로고와 아이콘을 모두 바꾸고, 브랜드 컬러도 검정과 흰색으로 변경하여 절제된 디자인을 선보였죠.

반대로 리프트는 친근하고 따뜻한 이미지를 가져가고자 했습니다. 디자인적으로도 확 튀는 핑크 색상 등을 사용하여 젊은 사용자층을 겨냥했습니다.

광고와 마케팅 디렉션도 같은 방향으로 진행되었습니다. 우버는 프로페셔널한 사람들이 이용하는 합리적인 이동 수단이라는 느낌을 주었고, 리프트는 젊고 역동적인 이미지가 사용되었습니다. 이러한 브랜딩의 결과 우버가 전체 사용자 선호도(2019년 미국 내 사용자 선호도 조사 기준)에서는 앞서지만 20대 중반에서 30대 중반 사용자 층에서는 리프트가 더 높은 지지를 받을 수 있었습니다. 명확한 타깃을 잡고 브랜딩함으로써 업계의 후발주자가 경쟁에서 살아남는 법을 보여준 좋은 사례입니다.

브랜딩은 기득권을 가진 매체보다 더 큰 힘을 발휘하기도 합니다

2020년 미국 대통령 선거를 위한 민주당 경선에 출마해 큰 관심을 모았던 한 동양인이 있습니다. 앤드류 양(Andrew Yang). 대만계 미국인인 그는 IT회사 CEO 출신 정치인답게 기술의 발달이 사회에 미칠 영향과 정부의 대책 등에 대한 신선한 공약을 제시했습니다. 기본 소득 분배와 같은 공약이 급진적으로 들릴 수도 있었지만, 이미 벌어지고 있는 소득 불평등 현상, 기후위기 등 뜨거운 이슈에 대한 대안을 제시함으로써 유권자들의 공감을 얻어냈죠.

앤드류 양의 이러한 메시지 전달은 그의 뛰어난 마케팅 슬로건을 만나며 더욱 힘을 갖게 되었습니다. 트럼프 미국 대통령의 슬로건 'MAGA(Make America Great Again, 미국을 다시 위대하게)'에 응수해 그는 'MATH(Make America Think Harder, 미국을 더 열심히 생각하게)'를 슬로건으로 내세웠습니다. 미국에서는 '동양인들은 대부분 수학을 잘한다.' 같은 인종차별이 섞인 고정관념이 존재합니다. 실제로도 수학에 재능이 있었던 그는 이런 인종차별적 고정관념을 본인의 브랜드로 활용합니다. 이 브랜드를 바탕으로 지지자들의 힘을 결집하고 전통적 미디어 플랫폼 대신 SNS나 팟캐스트를 적극적으로 활용해 메시지를 전달했습니다.

전통적으로 대선 경선에서 가장 큰 힘을 발휘하는 매체는 텔레비전입니다. 그중 MSNBC 방송국은 대대로 민주당에 우호적인 매체인데, 유독 앤드류 양에게만은 호의적이지 않았습니다. 그러자 방송국을 상대로 보이콧을 합니다. 그럼에도 불구하고 앤드류 양은 엄청난 온라인 후원을 이끌어내며, 민주당의 유력한 후보인 버니 샌더스 상원 의원과 조 바이든 전 부통령과 경합할 정도로 놀라운 지지율을 기록했습니다. 비록 최종 경선에서 사퇴했지만, 앤드류 양은 다음 대선에서 활약이 기대될 만큼 강력한 브랜딩을 구축했습니다.

디지털은 브랜딩을 적용하기에 최고의 환경입니다. 공감할 수 있는 명확한 메시지만 있다면 말이죠. 앞으로도 디지털 플랫폼은 계속 진화할 것이고 새로운 소셜 서비스들의 탄생으로 활용해야 하는 플랫폼은 계속 다양해질 것입니다. 또 Z세대와 그 다음 세대인 알파(Alpha)세대같은 새로운 세대의 등장은 브랜드를 만드는 사람들에게 계속 새로운 숙제를 안길 것입니다. 그럼에도 불구하고 디지털 플랫폼은 여전히 브랜딩하는 사람들에게는 매력적인 도구입니다. 누구나 평등한, 수평적 구조에서 출발하기 때문입니다.

과거에는 하나의 브랜드를 만들고 알리기 위해 천문학적인 금액을 들여 광고를 하거나, 마케팅 업체를 고용해야만 했습니다. 하지만 지금의 디지털 환경은 이루고자 하는 목적이 있다면 디지털 플랫폼의 폭발적 확장성을 레버리지 삼아 무한대의 효과를 낼 수 있습니다.

이러한 수평적이고 확장적인 구조의 특성은 전 세계적으로 민주화 움직임을 일으키는 데 큰 역할을 했습니다. 또 일반인이 평소에 만나기 어려운 유명인과 직접 소통할 수 있게도 만들었죠. 일관된 메시지나 프로젝트를 꾸준히 공유하는 것만으로 수천, 수만의 팔로워를 얻을 수 있고, 포스팅 하나만으로도 전 세계적 이슈를 만들 수 있습니다. 브랜드의 핵심 가치인 '공감할 수 있는 메시지'가 있다면 그 브랜드는 디지털의 힘을 날개 삼아 훨씬 더 큰 영향력을 가질 수 있을 것입니다.

디지털 시대의
개인 브랜딩

2020년에 있는 미국의 46대 대통령 선거에 전 세계의 이목이 쏠려 있습니다. 미국 대통령 선거는 매번 세계인의 관심을 끌었지만, 이번 선거는 더 특별합니다. 지난 2016년 도널드 트럼프 대통령이 45대 대통령으로 당선된 이후 4년 만에 다시 치르는 선거이기 때문입니다.

미국에서 첫 임기 중 무난하게 국정을 운영했다고 평가받는 대통령들은 대부분 재선에 도전하기에 이번 선거는 정권의 공과를 평가하는 중간 선거의 성격도 갖고 있습니다. 트럼프 대통령은 많은 이슈를 만들고 그것을 즐기며 활용하는 전무후무한 캐릭터였습니다. 그런 그가 두 번째 대통령 선거에서는 어떤 새로운 이슈를 만들지 않은 이들이 궁금해합니다. 그는 이미 지난 대선을 통해 선거판의 지형을 바꾸어 놓았던 전적을 가지고 있죠. 그런데 트럼프 대통령보다 먼저 이번 대선에서 대중의 관심을 끈 인물이 있습니다. 바로 앞에서 이야기한 앤드류 양(Andrew Yang)입니다.

2020년 대선을 앞둔 미국의 양대 정당은 차세대 대선 후보를 선별하기 위한 경선을 벌였습니다. 미국 대선 경선은 정치보다 쇼 비즈니스적 성격이 강합니다. 리얼리티 경쟁 프로그램을 방불케 하는 레이스 속에서 누가 더 많은 사람의 표심을 움켜쥐느냐 지켜보는 과정이 아주 흥미진진하죠. 이번 대선의 스타는 단연 앤드류 양입니다.

1975년에 뉴욕주에서 태어난 그는 성공한 사업가로 불리기도 하지만 도널드 트럼프만큼 거부는 아닙니다. 월스트리트 저널과 기타 언론사들에 따르면, 대략 1백만~4백만 달러(12억~45억 원)의 재산이 있을 것으로 추산합니다. 재산 수준과 상관없이 지난 민주당 경선을 통해 정치권에서 그의 브랜드 가치는 가파르게 상승했습니다. 정치 초보라 할 수 있는 신인이 당내 경선에서 5위까지 기록했으니 말이죠.

2020년 미국 대선의 라이징 스타(rising star)는 앤드류 양입니다.
처음 경선에 도전한 정치 신인이지만, 디지털 시대에 맞는 브랜딩으로
젊은 세대에게 많은 지지를 받았죠.

당시 경쟁 상대는 조 바이든(Joe Biden) 전 부통령과 엘리자베스 워런(Elizabeth Warren) 상원 의원 그리고 버니 샌더스(Bernie Sanders) 전 대선 후보 등과 같이 쟁쟁한 인물들이었습니다. 심지어 그는 억만장자이자 언론사 사주인 마이클 블룸버그(Michael Bloomberg)보다도 더 큰 지지를 받았습니다. 앤드류 양이 이런 돌풍을 만들 수 있었던 이유를 살펴보죠.

골리앗과 싸우는 다윗을 자처했습니다

굳이 트럼프와 비교하지 않고, 민주당 내 경선만 보더라도 그는 언더독입니다. 본인 스스로도 그것을 잘 알고 있습니다. 지명도 낮은 언더독이 메인스트림으로 가기 위해서는 두 가지 방법이 있습니다. 밑에부터 차근차근 계단을 밟아 랭킹을 올리는 방법과 가장 힘 있는 사람에게 싸움을 걸어 이목을 집중시키는 방법이죠.

앤드류 양이 선택한 방식은 후자였습니다. 그는 다윗을 자처하며 자기보다 훨씬 덩치 큰 골리앗들과 싸움을 했죠. 주요 후보들 간의 토론이 방송된 다음 날 앤드류 양의 구글 검색량은 다른 후보들에 비해 압도적으로 많았습니다. 이것만 봐도 그의 전략은 꽤 효과가 있었던 것을 알 수 있습니다.

한발 더 나아가 그는 민주당에 우호적인 언론사로 불리는 MSNBC를 보이콧하겠다는 충격적인 발언도 했습니다. 경선 보도 과정에서 자신에게 충분한 발언 기회를 보장하지 않았다는 이유에서죠. 얼핏 보면 생떼를 쓰는 것처럼 보이겠지만, 다민족 이민 국가인 미국에서 유색 인종에 대한 차별은 기득권층(기존 민주당 경선 후보들과 언론사)에게는 위협을, 그리고 유색인종 층에게 결속력을 가져다주기 때문에 이 보이콧은 다분히 전략적인 카드였습니다.

앤드류 양은 그야말로 혜성처럼 나타난 정치인입니다. 적극적이고 파격 행보를 보이는 이유를 묻자 그는 "기술 발전으로 인해 사회 변화는 그동안 경험해 보지 못한 수준으로 빠르게 진행되는데, 수십 년씩 정치 경력을 쌓아 대선에 도전한다면 그때는 이미 늦을 수도 있기 때문이다."라고 답했습니다.

현재 위치에 대한 현실적인 인지를 바탕으로 자신만의 확고한 브랜딩을 구축했습니다

앤드류 양은 동양인이 수학에 강하다는 인종적인 편견을 캠페인에 활용합니다. 수학을 뜻하는 단어인 MATH를 전략적으로 브랜딩화하여 선거에 사용했고, 실제로 수학에 재능이 있었던 그는 기술과 경제 분야 모두 수학적 통계로 접근하며 후보들과 논쟁합니다. 개인의 주장이 아닌 증명 가능한 숫자를 신뢰해야 한다는 뜻었습니다.

또 한 가지 주목할 점은 디지털 세대에 맞는 소통입니다. 〈브레이킹 배드(Breaking Bad)〉라는 유명한 미국 드라마가 있습니다. 평범한 고등학교 화학 선생이 마약왕이 되는 이야기로, 대중적인 인기와 작품성을 모두 잡은 드라마로 평가받죠. 앤드류 양은 여기에 나오는 대사와 장면을 자신의 캠페인에 활용했습니다. 인기 있는 드라마의 패러디 수준을 넘어, 자신의 공약 중 하나인 '대마초의 합법화'에 대한 적극적인 지지를 표명한 것입니다. 앤드류 양의 선거 슬로건인 MATH의 발음이 '메쓰엠파타민 Methamphetamine'이라고 하는 마약을 줄여 부르는 METH와 거

도널드 트럼프의 빨간 모자와 비견되는 앤드류 양의 'MATH'모자, 그리고 파격적인 공약을 지폐에 새긴 피켓. 기억하기 쉽고 퍼트리기 쉬운 강력한 메시지는 디지털 시대에 더 큰 힘을 발휘합니다. 좋은 아이디어는 있지만 자본과 인프라가 부족한 개인이나 스타트업들이 브랜딩하기에 더없이 좋은 환경이죠.

의 같다는 점을 영리하게 활용한 것이죠.

현재 미국의 거의 모든 주에서 대마초는 치료용과 여가용 모두 합법화되어가는 추세입니다. 심지어 뉴욕주는 그동안의 대마초 관련 모든 범죄 기록을 말소시켰습니다. 하지만 여전히 대마초는 입문용 마약(Gateway drug)으로 분류되기 때문에 정치권에서 논쟁을 벌이는 중입니다. 이런 가운데 앤드류 양의 MATH 브랜딩은 기술과 데이터의 가능성을 믿는 사람들과 대마의 긍정적 기능을 지지하는 사람들 모두에게 어필했습니다.

브랜드에 맞는 커뮤니케이션을 효과적으로 활용했습니다

그가 대중들에게 신선한 이미지로 인지도를 서서히 얻어갈 때쯤, 많은 대중의 뇌리에 그의 이름을 각인시킨 사건은 텔레비전 토론이나 컨퍼런스 강연 같은 전통적인 플랫폼이 아니었습니다. '조 로건(Joe Rogan)'이라는 코미디언이 진행하는 팟캐스트 방송 '조 로건 익스피리언스(Joe Rogan Experience)'이었습니다. 천체물리학자부터 할리우드 스타, 정치인들까지 다양한 인물들이 출연하는 아주 유명한 팟캐스트 방송입니다.

앤드류 양은 여기에 출연해 뛰어난 입담으로 청취자들의 마음을 사로잡았습니다. 왜 지금 우리에게 최신 기술과 데이터가 필요한지, 왜 자신과 같은 정치인이 대통령이 되어야 하는지 설득력 있게 말한 덕분입니다. 이 방송 이후 일론머스크와 같은 인물들이 공개적으로 앤드류 양 지지를 표명했습니다.

또 앤드류 양은 부유한 사람들이나 기업들을 모아서 진행하는 전통적인 정치 후원금 모금 이벤트 대신 온라인을 통해 지지자들의 후원금을 받는 방식을 선호했습니다. 2019년 11월 30일 후원금 모금에서는 단 하루 만에 18,000여 명의 지지자로부터 75만 달러(9억 원 상당)의 후원금을 모금했습니다.

순수 지지자들의 후원금으로 재정적 독립을 이루면서 눈치보지 않는 정치 행보를 보일 수 있었죠. 젊고 영리하며, 유연한 사고를 가진 앤드류 양은 이렇게 '디지털 시대의 새로운 정치인 상(像)'을 제시했습니다.

앤드류 양의 돌풍이 꽤 이어지긴 했지만, 결과적으로 민주당의 미국 46대 대통령 후보로 뽑히는 데는 실패했습니다.

하지만 그는 자신의 위치에 대한 현실적인 이해를 바탕으로 본인의 가치를 최대로 높이는 전략적인 브랜딩을 통해 대중에게 강력히 눈도장을 찍는 데에 성공했습니다. 다음 대선에서 앤드류 양의 활약을 기대하는 유권자들도 많아졌습니다.

맥락과 일관성은 브랜딩의 가장 중요한 요소입니다. 올바른 맥락을 찾기 위해선 현실 인식이 중요합니다. 그 현실 인식을 바탕으로 방향성을 결정하고, 꾸준히 일관된 행동과 메시지를 전달함으로써 하나의 브랜딩을 완성할 수 있습니다. 물론 브랜딩만으로 대통령이 될 수는 없습니다. 하지만 진정성 있는 사람이 제대로 된 브랜딩을 만난다면 그 가능성은 높아질 것입니다.

직장을
옮겨야 하는 이유

한국과 미국 IT업계에서 일하는 지인들과 직장 문화에 대한 이야기를 나눌 기회가 있었습니다. 한국과 미국의 월급 차이, 복지에 대한 이야기부터 조직의 문화적 차이 등 다양한 주제가 등장했죠.

그러다 평균 근속연수와 이직에 대한 이야기가 나왔는데, 미국 기준에서는 '3~5년 주기로 직장을 많이 옮기고 특히 IT 업계 안에서의 이직은 활발하다.'는 제 개인적인 의견을 말했습니다. 당시 한국 회사에서 일하시는 한 분은 약간 놀란 눈치였고, 정직원이 왜 직장을 몇 년마다 옮기는지 이해가 가지 않는다고 말했습니다.

저의 커리어를 돌이켜봤을 때 한 회사당 평균 근속연

수는 4년 정도입니다. 2018년부터 다니고 있는 현재 직장이 미국에서 세 번째 직장입니다. 미국 내 첫 직장은 디자인 에이전시였고, 두 번째는 디지털 트랜스포메이션 컨설팅 업체였습니다. 그리고 지금은 IT기업에서 일하고 있죠.

2534 세대는 왜 한 직장에서 오래 일하지 않을까?

미국에도 한 직장에서 10년, 20년 혹은 그 이상 근속하시는 분들이 많이 있습니다. 그리고 장기 근속자에 대한 예우와 존경도 존재합니다.

미국노동통계국(U.S. Bureau of Labor Statistics)의 자료에 따르면 평균적으로 미국인들은 평생 12번 정도 직장을 바꾼다고 합니다. 25세에서 34세 직장인의 평균 근속연수는 2.8년에 불과합니다. 반대로 55세에서 64세의 직장인의 평균 근속연수는 10.1년으로 이들과의 큰 차이를 보입니다.

미국의 젊은 세대들이 대학 졸업 후 처음 입사한 직장에서 10년 이상 근속하는 경우는 드뭅니다. 특히 본인과 맞지 않는 직장이라고 느낄 경우 1년 이내 퇴사자들의 수도 적지 않습니다. 기술 발달로 인한 노동 환경의 변화로 인해 자발적 퇴사와 이직은 더욱 늘고 있습니다. 이런 현상이 미국만의 일은 아닌 것 같습니다. 얼마 전 한국에서도 IT기업이 만든 온라인 은행에 파견을 나갔던 은행 직원들이 모두 원래 직장에 복귀하지 않았다는 기사를 접했습니다. 원래 일하던 은행과 비교해 온라인 은행의 급여가 더 높은 것도 아니라고 하니, 기성세대의 눈에는 이해할 수 없는 일이었겠죠.

맞습니다. 이 문제를 개인의 일탈 혹은 회사에 대한 충성심 부족으로 이해하려 한다면, 답을 찾기 어려울 것입니다.

오래된 경험과 지식보다 유연한 자세와 빠른 대처력이 더 중요한 덕목

사람의 기술과 노동력에 의존하는 산업은 능숙함과 노련함이 중요합니다. 숙련자가 초보자를 도제식으로 교육시켜 좋은 인력으로 양성하기에 한 곳에서 오래 근속하는 노동자의 가치가 높죠.

과거에는 이런 방식이 일반적이었지만 지금은 '장인' 영역에 속하는 일부 산업에만 해당됩니다.

2000년대 이후 시대 변화의 규모와 속도는 인류가 이전에 경험해보지 못한 수준으로 빠릅니다. 우리 손 안의 스마트폰이 1969년 아폴로 13호를 달에 보내는 데 사용한 모든 컴퓨팅 기술보다 앞서 있으니까요. 오늘 혁신적이라고 추앙받고 있는 기술도 몇 달 후면 그저 그런 옛날 기술이 되는 시대입니다. 하물며 한 개인이 체득한 과거의 지식이 미래에 얼마나 유용한 자산이 될지는 알 수 없는 일이죠.

제조업 중심의 생산 경제일 때 직장의 조직 문화는 생산성 중심이었습니다. 경험적으로 더 많은 제품을 효과적으로 생산할 수 있는 지식을 가진 사람이 조직의 핵심이었죠. 하지만 디지털 기술의 발달로 지식의 불균형이 깨지고 있습니다. 그만큼 근속연수의 이점도 흐릿해졌죠. 이제는 직급의 높고 낮음에 상관없이 누가 더 변화를 빠른 속도로 따라갈 수 있는지가 더 중요합니다. 그래서 오히려 한 회사, 한 조직에 너무 오래 몸담고 있으면 자칫 고인 물처럼 썩어갈 수도 있습니다.

디지털 트랜스포메이션 시대의 직장에 '숙련자'란 없습니다

개인의 성장도 회사의 성장만큼이나 중요합니다. 기술 변화에 기민하게 반응해야 하는 IT업계의 경우 다른 회사 혹은 다른 부서로 옮기며 새로운 기술에 대한 이해와 안목을 높이려는 사람들이 점점 늘고 있습니다. 내가 경험해보고 싶은 기술, 혹은 내가 만들어 보고 싶은 프로덕트가 있는 회사로 노동자가 따라가는 것이죠. 저 역시 클라우드, 인공지능 기술이 궁금했고, 탐구해보고 싶은 열망이 있었기에 지금의 직장에 왔습니다.

한 분야에 대해 완벽하게 이해해야 그 분야에서 일할 수 있는 것은 아닙니다. 항상 배운다는 자세로 임하는 것이 중요하죠. 특히 요즘 4차 산업혁명을 선도하는 많은 기술은 여전히 가치 체계를 정립하고 가능성을 모색해 나가는 단계에 있습니다. 그래서 배우고 싶은 분야와 기술이 있다면 그쪽 방면에 먼저 발을 들이는 것이 중요합니다.

거의 모든 분야의 디지털화가 이루어지고 있는 지금, 신기술에 대한 이해와 활용은 업계를 막론하고 필수 요소가 되었습니다. 2020년 기준으로 S&P 500에 속하는 글로벌 기업들의 평균 수명도 20년밖에 되지 않는 시대입니다. 앞으로 기업들의 평균 수명은 이보다 더 단축되겠죠. 한마디로 회사가 개인을 평생 책임져주기 더 어려워질 수 있는 환경에서, 실무적으로나 개인의 커리어 측면에서나 큰 도움이 되지 않는 일을 하는 것은 시간 낭비일 수 있습니다.

퇴사와 이직은 여전히 많은 고민과 준비를 동반합니다. 기술 발전이 주도하는 세상은 우리에게 점점 더 많은 요구를 하고 있습니다. 끊임없이 배우고 또, 적응하기를 요구하니까요. 하지만 이미 변화의 파도 속에 들어온 이상, 우리는 그 파도에 적응할 필요가 있습니다. 개인적인 공부와 관심이 그 시작일 것입니다. '다 알아야 한다.'라는 강박관념에서 벗어나, '지금부터 알아보자'라는 마음가짐을 가져야 합니다.

회사 차원에서도 성장에 대한 구성원의 욕구를 어떤 방식으로 도울지 고민해야 합니다. 개인과 회사가 함께 성장하는 문화가 자리잡지 못한다면, 함께 몰락하는 악순환이 만들어질 수 있기 때문입니다.

근로시간과 성과는 비례할까?

저의 현재 근무시간은 주 40시간, 하루 8시간입니다. 유럽, 아시아 쪽 팀들과의 미팅이 아침 일찍 있는 편이라 오전 7~8시 정도에 일을 시작해 대략 오후 5시에 마칩니다. 업무량이 많은 날은 점심을 거르거나 샌드위치를 먹으며 미팅을 할 정도로 정신 없는 하루를 보내지만, 업무량이 적은 날은 일찍 퇴근하기도 합니다. 디자인 매니저로서 팀을 만들고 이끌어 온 지 몇 해가 지나면서, 저 자신의 퍼포먼스뿐 아니라 팀원들의 아웃풋도 함께 고민해야 하는 자리에 있습니다.

누구도 저에게 더 오랜 시간 일하라고, 사무실에 반드시 출근해야 한다고 강요하지 않습니다. 정해진 근로시간이 있지만 기본적으로 자율 책임제이기에 필요에 따라 탄력적으로 길게 혹은 짧게 일합니다. 사무실의 책상 앞, 컴퓨터 앞에 붙어 있는 시간과 성과는 비례하지 않음을 우리는 모두 알고 있습니다.

근로시간의 총량이 작업의 퀄리티를 보장하지는 않습니다

예를 들어보죠. 디자이너 A는 추가 근무를 해가며 10개의 아이콘을 만들었습니다. 반면 디자이너 B는 근무시간 내에 10개의 아이콘을 만들었습니다. 이 둘을 어떻게 평가할 수 있을까요?

A가 더 긴 시간을 들여 디자인을 했으니, 더 좋은 결과물을 만들었을 것이라 추측할 수 있습니다. 그렇지만 작업의 퀄리티라는 것이 꼭 작업 시간과 정비례하지 않고, A가 자신을 혹사함으로써 의도치 않게 본인과 조직원 모두를 지치게 만드는 분위기를 조성할 수도 있습니다. 또, 회사 입장에서 추가 근무를 한 디자이너 A에게 그에 상응하는 보상도 해야 하는 만큼, 비용적인 문제도 발생할 수 있죠.

결국 과도한 초과 근무의 일상화는 기업과 개인 모두

에게 좋은 방향이 아닙니다. 평가하기에 따라 디자이너 B의 작업 방식과 결과가 더 긍정적인 평가를 받을 확률이 높습니다. 디자이너 B의 경우 같은 양의 작업물을 더 빨리 만들어냈고 조직의 워크 앤 라이프 밸런스(work & life balance)를 건전하게 유지하는 데 보탬이 되었기 때문입니다.

짧은 주기의 진행 단위인 스프린트(Sprint)들로 구성된 에자일(Agile) 프로세스를 도입해 직원들이 근로시간을 효율적으로 관리하는 데 도움을 줄 수 있습니다. 작업 하나를 완벽하게 하려고 혼자 오래 붙잡고 있는 것보다, 에자일 프로세스 안에서 작업과 공유, 피드백을 반복하며 정해진 기한 내에 일을 끝마치도록 프로세스를 개선하는 것이 중요합니다.

프로젝트 매니저는 주어진 프로젝트를 마무리하기 위해 몇 개의 스프린트가 필요하고, 디자이너가 얼마의 시간을 투자해야 하는지 등을 명확하게 하여 구성원들의 불필요한 추가 근무와 비효율적 프로세스를 개선해야 합니다.

주 52시간 근무보다 더 진지하게 고민할 문제는

얼마 전 한국에서는 주 52시간 근로 제도의 제정을 통해 '8시간씩 5일 근무, 연장근로 최대 12시간'을 명문화하였습니다. 기본 주 40시간 근무는 같지만, 연장 근로시간을 국가가 제한한 것이죠. 노동자 근로시간의 총량을 시장의 논리에 맡기지 않고, 정부가 행정법으로 해결하려는 것이 맞는지 의문이 생겼습니다. 한편으로는 얼마나 기업이 직원들의 사생활을 침해하고 과도한 업무를 시켜왔기에 이런 부분까지 법제화할까 하는 생각도 들었고요. 또 노·사·정 모두 이 문제를 생산성이 중요한 제조업 시대의 기준에서 접근한 것은 아닌가 하는 생각도 들었습니다. 디지털 혹은 지식 기반 산업의 경우 시간과 아웃풋의 상관관계가 반드시 정비례하지는 않기 때문입니다.

52시간 근무 상한선 제한은 자칫 성장하는 기업의 동력을 떨어트리는 역효과를 낼 수도 있습니다. 그래서 근로시간의 총량을 제한하기보다는 근로 수당에 대한 합당한 금액을 책정해 투명한 지급을 보장하는 것이 더 중요하지 않을까 생각합니다.

빠르게 성장하는 기업이라면 추가 근무를 할당해서라

도 최선의 결과를 만들려 할 것입니다. 이런 경우에 정부는 회사와 근로자가 합의 하에 원하는 만큼 근로할 수 있는 환경을 제도적으로 열어주고, 합리적인 연장 근무 수당을 산정하고 지급 여부를 철저히 감독하는 역할을 하는 것이 더 현실적이지 않을까 하는 생각이 듭니다. 연장 근무는 기업의 성장 속도가 인력 충원 속도를 앞지르기 때문에 발생하는 불가피한 현상인 경우가 많습니다. 연장 근무 수당을 높게 책정하면 기업 입장에서 일자리를 창출할 수밖에 없으니 자연스럽게 추가 일자리도 만들어지죠.

인공지능과 클라우드 기술의 힘으로 노동 시간의 물리적 총량은 계속 줄어들 수밖에 없습니다. 자동화로 인해 인간이 단순 작업을 덜 하게 되었으니까요. 앞으로는 근로시간의 총량에 집착하기보다는 근로자들이 어떤 일을 어떤 환경에서 할 것인가에 대해 고민이 필요한 시기가 아닌가 합니다.

이제는 근무시간이 아니라 국민 기본 소득제를 진지하게 검토해야 하는 단계에 들어섰습니다. 디지털 트랜스포메이션 시대에는 인간의 노동이 필수가 아닌 선택이 될 것이고, 노동의 형태 또한 많이 바뀔 것입니다. 인공지능 디자인 툴이 한 시간에 수만 개의 아이콘을 뚝딱 만들어내는 환경이 올 것입니다. 이런 상황에서 '누가 얼마나 오래 일했는지' 같은 기준으로 노동의 가치를 평가할 수 있을까요?

최저임금과 임금 시스템, 기본 노동 시간, 온라인근무 등 달라지는 환경에 맞게 시스템 전반을 개선하고, 달라지는 인간 노동의 가치를 어떻게 평가하고 보상할지 진지하게 논의할 시점입니다.

맺음말.

또 다른 시작을 위한 맺음

2019년 4월, 첫 책《디자이너의 생각법; 시프트》의 원고를 탈고했습니다. 지난 책에서는 디지털 시대를 사는 디자이너의 시각에서 디자인의 역할과 새로운 관점을 제시하고자 했습니다. 이번 책에서는 한 발 더 들어간 이야기를 해보고 싶었습니다.

연결의 속성을 지닌 디자인이 '선'적인 개념이라면 그 선들이 이어져 만들어내는 '면'적인 개념, 즉 '생태계'에 대해 이야기 하고자 했습니다. 지금의 디지털 생태계 전반에 대한 이이야기와 클라우드, 인공지능, 가상 현실의 발전과 적용이 가져올 근미래에 관한 이야기를 해보고 싶었습니다. 현재 진행되고 있는 디지털 트랜스포메이션을, 학문적 시각이 아닌 현장에서 실행하는 실무자의 관점에서 조명해보고 싶었습니다.

2020년을 휩쓴 코로나19 사태의 영향으로 거의 모든 분야에서 디지털 트랜스포메이션이 가속화되고 있습니다. 또 비상사태가 닥쳤을 때 국가와 기업이 지닌 디지털 시스템과 프로세스의 준비 상태에 따라 명암이 나뉘는 것도 보았습니다. 앞으로 인류는 한시적인 소셜 디스턴싱(Social Distancing)을 넘어, 새롭게 재편된 물리적 거리(Physical Distance)의 시대에 살게 될 것입니다. 사람 간 물리적 접촉은 이전과 비교할 수 없을 정도로 줄어들겠지만 질은 매우 높아질 것입니다. 디지털 채널 간의 교류가 폭발적으로 확대될 테고, 사람과 사람 간의 교류를 위해 디지털 기술을 더욱 적극적으로 활용하게 될 것입니다. 가정과 일터 그리고 교육 현장의 모습은 완전히 달라질지도 모릅니다.

지난 1년간 업무를 마친 후 거의 매일 다양한 분야의 자료를 모으며 그에 관한 생각을 정리했습니다. 이러한 수집을 한 편의 글로 조합하는 과정이 때로는 어렵기도 했지만 많은 공부가 된 소중한 시간이었습니다.

디지털과 디자인의 관점에서 비즈니스와 사회의 현재와 미래를 고민하는 사람으로서 이번 책은 큰 의미를 지닙니다.

대전환을 앞둔 지금의 모습을 공시적 관점에서 관찰한 결과이며, 미래에 대한 단기 이정표이기 때문입니다. 앞으로도 기회가 된다면 실무적인 관찰과 분석을 바탕으로 한 단기 이정표를 꾸준히 찍어보고 싶습니다.

'인생은 과정이고 하나의 지점에 도달한다고 해서 끝나지 않는다.'는 것이 제 삶의 원칙 중 하나입니다. 그런 면에서 보면 제가 적고 있는 이 맺음말도 새로운 출발을 위한 또 하나의 출사표인지도 모르겠습니다. 아무쪼록 이 책이 독자분들께서 '새로운 지평선(New Horizon)'을 맞이하시는 데 도움이 되었으면 합니다.

이 책이 나오기까지 많은 도움을 주신 사랑하는 가족과 친구들, 가나출판사 편집팀, 포브스코리아 권오준 편집장님, 장진원 기자님, 월간 디자인 전은경 편집장님, 유다미 기자님께 감사의 말씀 전합니다.

마지막으로 이 책의 내용을 검수해주고, 항상 저를 믿고 응원해주는 아내에게 사랑을 전합니다.

2020년 9월,
시애틀에서 이상인